AF634560

Michael Konrad

Die Assistenzleistung

Psychiatrie Verlag

Dr. Michael Konrad, Diplom-Psychologe, war nach jahrzehntelanger leitender Tätigkeit in allen Bereichen des Betreuten Wohnens und des Gemeindepsychiatrischen Verbundes von Herbst 2017 bis Sommer 2021 Referent für die Umsetzung des Bundesteilhabegesetzes im Ministerium für Soziales und Integration Baden-Württemberg. Nun bietet er Beratungsdienste im Sozialbereich an.

Michael Konrad

Die Assistenzleistung

Die universelle Fachleistung der Eingliederungshilfe

Fachwissen kompakt

Michael Konrad

Die Assistenzleistung

Die universelle Fachleistung der Eingliederungshilfe

Fachwissen kompakt

2. Auflage 2022

ISBN Print 978-3-96605-098-2

ISBN PDF 978-3-96605-151-4

Bibliografische Information der Deutschen Nationalbibliothek
Die Deutsche Nationalbibliothek verzeichnet diese Publikation in der Deutschen Nationalbibliografie; detaillierte bibliografische Daten sind im Internet über http://dnb.d-nb.de abrufbar.

Umschlagkonzeption und -gestaltung: GRAFIKSCHMITZ, Köln, unter Verwendung eines Fotos von .marqs / photocase.de
Lektorat: Karin Koch, Köln
Typografiekonzeption und Satz: Iga Bielejec, Nierstein
Druck und Bindung: Medienhaus Plump GmbH, Rheinbreitbach

Man wird nicht stark, schwach oder eigenwillig geboren.
Man wird stark, man erwirbt einen klaren Blick.
Das Schicksal liegt nicht im Menschen, sondern es umgibt ihn.

Albert Camus

Vorwort zur zweiten Auflage 8

Das neue SGB IX:
ein umfassendes Recht der Rehabilitation und Teilhabe 11
Die Aufnahme der Leistungen der Eingliederungshilfe in Teil 2 SGB IX 13
Von der betreuten Wohnform zur Rehabilitation 15
Der Einfluss der UN-BRK auf die deutsche Sozialgesetzgebung 17
Trennung von Wohnform und Unterstützungsleistung 18
Leistungen zur Rehabilitation und Teilhabe wie aus einer Hand 19
Die Assistenzleistung und das Persönliche Budget 21
Assistenzleistungen als nachrangige Leistungen zur Rehabilitation und Teilhabe 23

Die Assistenzleistung zur Sozialen Teilhabe 27
»Zur selbstbestimmten und eigenständigen Bewältigung des Alltags« 29
»einschließlich der Tagesstrukturierung« 31
»Die Leistungsberechtigten entscheiden über die konkrete Gestaltung der Leistungen ...« 32
»... hinsichtlich Ablauf, Ort und Zeitpunkt der Inanspruchnahme« 32
»Die Leistungen umfassen die vollständige und teilweise Übernahme von Handlungen zur Alltagsbewältigung« 34
»die Begleitung der Leistungsberechtigten« 34
»die Befähigung zu einer eigenständigen Alltagsbewältigung« 35
»Die Leistungen werden als qualifizierte Assistenz erbracht« 36
»Leistungen an Mütter und Väter mit Behinderungen« 37
»ergänzende Leistungen«: Fahrtkosten u. a. 39
»angemessene Aufwendungen« zur Unterstützung bei der Ausübung eines Ehrenamts 39
»Erreichbarkeit einer Ansprechperson« 40
»Assistenzleistungen als Persönliches Budget« 41

Wie kommt eine Person mit wesentlicher Behinderung zu Leistungen, die die gleichberechtigte Teilhabe ermöglichen? 43
Beratung und Bedarfserkennung 44
Der neue Behinderungsbegriff: von der Behinderung zur Teilhabeeinschränkung 46
Das Konzept der funktionalen Gesundheit: die ICF 49
Körperfunktionen und -strukturen 50
Aktivitäten und Partizipation (Teilhabe) 52
Umweltfaktoren 54
Personbezogene Faktoren 56
Bedarfsermittlung 57
Teilhabeplan als Gesamtplan 61

Die Assistenzleistungen in Aktion 65
Assistenzleistung zur persönlichen Lebensplanung 68
Die Assistenzleistung zur Gestaltung sozialer Beziehungen 72
Assistenzleistungen zur Teilhabe am kulturellen und gemeinschaftlichen Leben 87
Assistenzleistungen zur Gesundheitsförderung 92
Sonderformen der Assistenzleistungen 94
Organisatorische Einbindung der Assistenzleistung 100

Schlussbemerkung: Die Mühen der Ebene 103

Literatur 106

Vorwort zur zweiten Auflage

Die erste Auflage des Buches »Assistenzleistung« erschien etwas mehr als ein Jahr nach Inkrafttreten des reformierten ersten Teils des Sozialgesetzbuches (SGB) IX, Rehabilitation und Teilhabe behinderter Menschen, und ein halbes Jahr vor der Integration des Eingliederungshilferechts als neuen zweiten Teil des SGB IX. Die meisten Bundesländer hatten gerade ihre Bedarfsermittlungsinstrumente für die Leistungen der Eingliederungshilfe fertiggestellt und begonnen, Landesrahmenverträge für die Leistungen der Sozialen Teilhabe abzuschließen. Bei der Abfassung des Buches war ich von dem Gedanken beseelt, dass die Assistenzleistungen zur Sozialen Teilhabe den leistungsberechtigten Personen eine neue Welt der selbstbestimmten Unterstützungsleistungen eröffnen würden. In der Schlussbemerkung schrieb ich: »In den nächsten zehn Jahren wird man die Erfahrung machen müssen, dass zur Erbringung von Leistungen zur Sozialen Teilhabe auch bei schwer beeinträchtigten seelisch oder geistig behinderten Personen nicht unbedingt eine spezielle Einrichtung erforderlich ist. (...) Es wird viele Probleme und zu lösende Schwierigkeiten im Alltag geben, die alle Akteure immer wieder an den Rand der Verzweiflung bringen werden. Aber eines ist sicher: Eine Rückkehr zum alten System ist nicht möglich.«

Zwischenzeitlich ist Ernüchterung eingekehrt. Träger der Eingliederungshilfe und Leistungserbringer halten an dem alten System der institutionszentrierten Versorgung fest. Selbst fortschrittliche Leistungsanbieter der Sozialpsychiatrie wollen die Sicherheit, die die besondere Wohnform ihnen bietet, nicht hinter sich lassen. Die Chancen der Assistenzleistungen, den leistungsberechtigten Personen eine individuelle Lebensführung im eigenen Wohnraum zu ermöglichen und sie bei der gleichberechtigten Teilhabe am gesellschaftlichen Leben zu unterstützen, werden verspielt. Die Assistenzleistungen werden in Basismodule oder in Leistungspakete gezwängt, mit denen die vom Gesetzgeber intendierte Wahlfreiheit der Leistungen bis zur Unkenntlichkeit eingeschränkt wird.

Es ist mir daher wichtig, die Assistenzleistungen in den Gesamtzusammenhang der Vorschriften des Gesetzes zur Rehabilitation und Teilhabe behinderter Menschen zu stellen. In der Projektbegleitung zur Umsetzung des Bundesteilhabegesetzes (BTHG) in Baden-Württemberg wurde mir immer deutlicher, dass für Menschen mit seelischer Behinderung die Leistungen der medizinischen Rehabilitation an erster Stelle stehen müssten. Da es jedoch noch einige Zeit dauern wird, bis dieser Rechtsanspruch durchgesetzt sein wird, müssen wenigstens die Leistungsvereinbarungen für Assistenzleistungen so konstruiert sein, dass ein Anschluss an die jetzt schon verfügbaren Leistungen der mobilen medizinischen Rehabilitation leicht möglich ist.

Die Einführung greift nun die Vorschriften von Teil 1 des SGB IX auf, um die reformierten Leistungen der Eingliederungshilfe aus der Erneuerung des gesamten SGB IX im Geiste der UN-Behindertenrechtskonvention (UN-BRK) darzustellen. Im Anschluss wird die gesetzliche Vorschrift der Assistenzleistung aus §78 SGB IX (Teil 1) mit neuen Aspekten beschrieben, um dann auf den neuen Behinderungsbegriff, die Internationale Klassifikation der Funktionsfähigkeit, Behinderung und Gesundheit (ICF) sowie die Teilhabeplanung und die für eine personenzentrierte Leistungserbringung erforderlichen Leistungsvereinbarungen einzugehen. Das aktualisierte Kapitel zu den Anwendungsmöglichkeiten zeigt, welche Leistungen Betroffene in Anspruch nehmen können, und hofft so, den Trägern der Eingliederungshilfe sowie den Leistungserbringern Anregungen für Leistungsvereinbarungen zu bieten.

Die Beispiele sind keineswegs erschöpfend, sie sollen vielmehr die Kreativität der Leistungserbringer anregen, passende Konzepte für die anvisierte Personengruppe zu entwickeln. Ergänzend werden organisatorische Voraussetzungen für die Assistenzleistungen beschrieben und es wird die vertragliche Gestaltung der Leistungen zur Sozialen Teilhabe dargestellt. Sie sind die Voraussetzung für den Abschluss von Leistungsvereinbarungen für die neuen Fachleistungen der Eingliederungshilfe.

Das neue SGB IX: ein umfassendes Recht der Rehabilitation und Teilhabe

Das Bundesteilhabegesetz (BTHG) hat den Zugang zu den Leistungen des neunten Sozialgesetzbuches (SGB IX), Rehabilitation und Teilhabe behinderter Menschen, vom 19. Juni 2001 grundlegend verändert. Das Ziel der Leistungen ist gleich, in § 1 Satz 1 SGB IX wurde jedoch die »gleichberechtigte Teilhabe« durch die Formel »volle, wirksame und gleichberechtigte Teilhabe« ersetzt.

> ***§ 1 SGB IX***
> ***Selbstbestimmung und Teilhabe am Leben in der Gesellschaft***
> *»Menschen mit Behinderungen oder von Behinderung bedrohte Menschen erhalten Leistungen nach diesem Buch und den für die Rehabilitationsträger geltenden Leistungsgesetzen, um ihre Selbstbestimmung und ihre volle, wirksame und gleichberechtigte Teilhabe am Leben in der Gesellschaft zu fördern, Benachteiligungen zu vermeiden oder ihnen entgegenzuwirken. Dabei wird den besonderen Bedürfnissen von Frauen und Kindern mit Behinderungen und von Behinderung bedrohter Frauen und Kinder sowie Menschen mit seelischen Behinderungen oder von einer solchen Behinderung bedrohter Menschen Rechnung getragen.«*

Die »volle« Teilhabe ist eine Reminiszenz an die im Jahr 2009 von der Bundesregierung unterzeichnete UN-Behindertenrechtskonvention (UN-BRK), die in Artikel 1 von dem »vollen und gleichberechtigten Genuss aller Menschenrechte und Grundfreiheiten« spricht. Die »wirksame« Teilhabe verweist auf die BTHG-Gesetzesbegründung: »Grundsätzlich muss bei der Leistungsgewährung immer der behinderte Mensch in seiner jeweiligen Lebenslage und seiner individuellen Beeinträchtigung berücksichtigt werden« (Deutscher Bundestag 2016, S. 227).

Die zur individuellen Lebenslage passende Leistungserbringung in einem gegliederten Sozialrechtssystem ist eine Herausforderung. Dies ist dem Gesetzgeber bewusst. In der Gesetzesbegründung (ebd., S. 192) heißt es, Teil 1 des SGB IX sei »das Ergebnis einer fast drei Jahrzehnte währenden Diskussion über ein einheitliches Rehabilitationsrecht für Menschen mit Behinderungen«. Der Gesetzgeber habe sich schließlich entschieden, an dem gegliederten Sozialrechtssystem festzuhalten, habe aber Vorkehrungen und Instrumente geschaffen, um dessen Nachteile auszugleichen. Dementsprechend bleiben die bisherigen Rehabilitationsträger im geänderten SGB IX weiter zuständig.

§ 6 SGB IX
Rehabilitationsträger

(1) Träger der Leistungen zur Teilhabe (Rehabilitationsträger) können sein:

1. *die gesetzlichen Krankenkassen für Leistungen nach § 5 Nummer 1 und 3,*
2. *die Bundesagentur für Arbeit für Leistungen nach § 5 Nummer 2 und 3,*
3. *die Träger der gesetzlichen Unfallversicherung für Leistungen nach § 5 Nummer 1 bis 3 und 5; für Versicherte nach § 2 Absatz 1 Nummer 8 des Siebten Buches die für diese zuständigen Unfallversicherungsträger für Leistungen nach § 5 Nummer 1 bis 5,*
4. *die Träger der gesetzlichen Rentenversicherung für Leistungen nach § 5 Nummer 1 bis 3, der Träger der Alterssicherung der Landwirte für Leistungen nach § 5 Nummer 1 und 3,*
5. *die Träger der Kriegsopferversorgung und die Träger der Kriegsopferfürsorge im Rahmen des Rechts der sozialen Entschädigung bei Gesundheitsschäden für Leistungen nach § 5 Nummer 1 bis 5,*

6. *die Träger der öffentlichen Jugendhilfe für Leistungen nach § 5 Nummer 1, 2, 4 und 5 sowie*
7. *die Träger der Eingliederungshilfe für Leistungen nach § 5 Nummer 1, 2, 4 und 5.*

Für die Rehabilitationsträger wurden die allgemeinen Vorschriften so verändert, dass die Leistungen unterschiedlicher Rehabilitationsträger im Teilhabeplan nahtlos ineinandergreifen müssen. Rehabilitationsträger wie die gesetzliche Krankenversicherung oder die gesetzliche Rentenversicherung müssen für die Leistungen nach ihren Leistungsgesetzen die Vorschriften zur Bedarfsermittlung und zur Koordination der Rehabilitationsleistungen beachten (Konrad & Dellmann 2022).

Für Menschen mit schweren psychischen Beeinträchtigungen wird der Zugang zu den Leistungen der medizinischen Rehabilitation leichter und damit die Aussicht auf eine durch das SGB IX zu gewährleistende »volle, wirksame und gleichberechtigte Teilhabe am Leben in der Gesellschaft« (Fegert u. a. 2022).

Die Aufnahme der Leistungen der Eingliederungshilfe in Teil 2 SGB IX

Die Leistungen der Eingliederungshilfe wurden bis zum 01.01.2020 nach dem Sozialhilfegesetz, SGB XII, erbracht. Ziel der Leistungen der Eingliederungshilfe war ursprünglich die Teilhabe am Arbeitsleben, die bei Körper- und Sinnesbehinderten durch Mobilitäts- und Kommunikationshilfen sichergestellt wurde, bei geistig Behinderten durch die Werkstatt für Behinderte, in der die Übernahme von Rentenversicherungsbeiträgen die Alterssicherung gewährleistete. Erst im Jahr 2001 wurde mit § 55 SGB IX der Zugang zu Leistungen zur Teilhabe am Leben in der Gemeinschaft für Personen ermöglicht, die durch

Behinderung wesentlich in ihren sozialen Fähigkeiten eingeschränkt sind.

Mit der Einfügung der Eingliederungshilfe wird das SGB IX zu einem einheitlichen Rehabilitationsrecht für alle Menschen mit Behinderungen, unabhängig von der Schwere ihrer Beeinträchtigung und ihrem Wohnort. Menschen mit Behinderungen müssen nicht mehr in Institutionen leben, um Zugang zu Leistungen der Eingliederungshilfe zu bekommen. Wenn es ihr Wunsch ist, außerhalb einer Einrichtung zu leben, so ist diesem Wunsch nachzukommen und die erforderlichen sächlichen und personellen Hilfen sind sicherzustellen.

Für die Kommunen, die in der Vergangenheit als Träger der Sozialhilfe agiert haben, ist damit eine gewaltige Umstellung verbunden. Bislang haben sie im Rahmen der Sozialhilfe Leistungen gewährt, um ein Leben in einer Gemeinschaft sicherzustellen. Die »Hilfen zu selbstbestimmtem Leben in betreuten Wohnmöglichkeiten« sowie die »Hilfen zur Teilhabe am gemeinschaftlichen und kulturellen Leben« aus §55 Absatz 2 Nummer 6 und 7 im alten SGB IX bis 31.12.2017 waren institutionszentrierte Leistungen, deren Inhalt zwischen Leistungserbringer und dem Träger der Sozialhilfe festgelegt wurde. Der Umfang entsprach dem Prinzip der Notwendigkeit.

Nun wurden die »Leistungen zur Teilhabe am Leben in der Gemeinschaft« als »Leistungen zur Sozialen Teilhabe« in Teil 2 SGB IX aufgenommen. Der Inhalt der Leistungen ist unverändert, aber die Eingliederungshilfe hat jetzt ein anderes Ziel: »Leistungen zur Sozialen Teilhabe werden erbracht, um eine gleichberechtigte Teilhabe am Leben in der Gemeinschaft zu ermöglichen oder zu erleichtern (…). Hierzu gehört, Leistungsberechtigte zu einer möglichst selbstbestimmten und eigenverantwortlichen Lebensführung im eigenen Wohnraum sowie in ihrem Sozialraum zu befähigen oder sie hierbei zu unterstützen« (§113 Absatz 1 SGB IX). Das Ziel ist damit nicht mehr die Integration in eine Behindertengemeinschaft, sondern die Unterstützung bei der selbstbestimmten Teilhabe im Sozialraum. Dazu erhält der Mensch mit Behinderung weitgehende Mitbestimmungsrechte: »Künftig soll nicht mehr über den Menschen mit Behinderung, sondern gemeinsam mit ihm gehandelt werden, um seine individuelle Lebensplanung und Selbstbestimmung zu unterstützen« (Deutscher Bundestag 2016, S. 203 f.).

Die »Hilfen zu selbstbestimmtem Leben in betreuten Wohnmöglichkeiten« sowie die »Hilfen zur Teilhabe am gemeinschaftlichen und kulturellen Leben« wurden unter dem Begriff der Assistenzleistung zusammengefasst. Der neue Begriff der Assistenz signalisiert, dass die leistungsberechtigte Person über die konkrete Gestaltung der Leistungen hinsichtlich Ablauf, Ort und Zeitpunkt der Inanspruchnahme mitentscheidet. Die Leistungserbringer sind bei diesem Entscheidungsprozess außen vor. Sie haben die Assistenzleistungen zur selbstbestimmten und eigenständigen Bewältigung des Alltages einschließlich der Tagesstrukturierung zu erbringen, die der leistungsberechtigten Person geeignet erscheinen, ihren individuellen Teilhabebedarf zu decken. Das heißt auch: Die Assistenzleistungen zur Sozialen Teilhabe sind anders als die früheren Leistungen der Eingliederungshilfe geeignet, bei Jugendlichen die Ablösung aus dem Elternhaus zu unterstützen sowie für wohnungslose Personen mit psychischen Beeinträchtigungen Wohnraum zu finden.

Von der betreuten Wohnform zur Rehabilitation

Die Neuordnung der Sozialgesetzgebung war überfällig – insbesondere für Menschen mit psychischen Beeinträchtigungen. Im Anschluss an die Psychiatrie-Enquete waren keine adäquaten Rehabilitationswege für Menschen mit schweren psychischen Erkrankungen geschaffen worden. Auch nach der gesetzlichen Verankerung der medizinischen

Rehabilitation im SGB IX blieb diesem Personenkreis die Leistung der medizinischen Rehabilitation weitgehend verwehrt. Während im Jahr 2020 etwas mehr als 2.000 Personen eine Leistung in der Rehabilitationseinrichtung für psychisch Kranke (RPK) erhielten, wurden mehr als 200.000 in unterstützten Wohnformen der Eingliederungshilfe registriert (BAGüS 2021). Leistungen der Sozialen Teilhabe bekamen hundertmal mehr Personen als Leistungen der medizinischen Rehabilitation. Nur ein verschwindender Prozentsatz ist auf dem allgemeinen Arbeitsmarkt beschäftigt, sodass von einer gleichberechtigten Teilhabe am Leben in der Gesellschaft nicht die Rede sein kann. Die Hilfen im ambulant und stationär betreuten Wohnen bieten keine Unterstützung, um die Teilhabe am Arbeitsleben zu erreichen. Nur wenige Personen mit wesentlicher seelischer Behinderung haben einen Platz in einer Werkstatt für Menschen mit Behinderungen (WfbM).

Die Hilfen in ambulanten und stationären betreuten Wohngruppen zielen auf eine Auslastung der Plätze. In eine betreute Wohngemeinschaft oder ein Wohnheim muss man aber passen. Sehr verletzlichen Menschen in schwierigen Lebenslagen wird eine Anpassungsleistung abverlangt, zu der selbst viele psychisch gesunde Personen nicht in der Lage wären. Ein größer werdender Teil erhält keinen Platz in den offenen Wohnformen der Eingliederungshilfe. Diese Personen werden in einigen Bundesländern in Pflegeheime »abgeschoben« oder in geschlossenen Wohnheimen der Eingliederungshilfe versorgt. Jenderny u. a. (2020) ermittelten in einer bundesweiten Erhebung eine Zahl von 1.268 Personen bei einem Rücklauf von 20%; wenn man das hochrechnet, ist von ca. 6.000 Menschen auszugehen. Für diesen Personenkreis gibt es nun Unterstützung in der eigenen Wohnung, wenn sie dies möchten.

Der Einfluss der UN-BRK auf die deutsche Sozialgesetzgebung

Der Anlass für die Änderung des SGB IX durch das BTHG war die Ratifizierung der UN-Behindertenrechtskonvention (UN-BRK) im Jahre 2009 durch die Bundesregierung. Dort steht diese Forderung:

> ***Artikel 26 UN-BRK***
> ***Habilitation und Rehabilitation***
> *(1) Die Vertragsstaaten treffen wirksame und geeignete Maßnahmen, einschließlich durch die Unterstützung durch andere Menschen mit Behinderungen, um Menschen mit Behinderungen in die Lage zu versetzen, ein Höchstmaß an Unabhängigkeit, umfassende körperliche, geistige, soziale und berufliche Fähigkeiten und die volle Teilhabe an allen Aspekten des Lebens zu erreichen und zu bewahren. Zu diesem Zweck organisieren, stärken und erweitern die Vertragsstaaten umfassende Habilitations- und Rehabilitationsdienste und -programme, insbesondere auf dem Gebiet der Gesundheit, der Beschäftigung, der Bildung und der Sozialdienste (…).*

Die Leistungen der Eingliederungshilfe konnten nicht im Rahmen des Sozialhilfegesetzes SGB XII reformiert werden, da der Sozialhilfeträger nur die notwendigen Leistungen zum Leben in der Gemeinschaft erbringen darf. Die neu zu vereinbarenden Leistungen zu einem selbstbestimmten Leben in der Gesellschaft mussten so konstruiert werden, dass sie von einem Leben außerhalb besonderer Wohnformen ausgehen und die Teilhabeziele sowie den Teilhabebedarf der leistungsberechtigten Personen berücksichtigen. In dem Beteiligungsverfahren zur Erstellung des BTHG waren die Interessenvertretungen der Menschen mit Körper- und Sinnesbehinderungen engagiert vertreten. Ihnen war neben der Umsetzung von Artikel 26 die Berücksichtigung von Artikel 19 UN-BRK ein zentrales Anliegen.

Trennung von Wohnform und Unterstützungsleistung

> ***Artikel 19 UN-BRK***
> ***Unabhängige Lebensführung und Einbeziehung in die Gemeinschaft***
> *Die Vertragsstaaten dieses Übereinkommens anerkennen das gleiche Recht aller Menschen mit Behinderungen, mit gleichen Wahlmöglichkeiten wie andere Menschen in der Gemeinschaft zu leben, und treffen wirksame und geeignete Maßnahmen, um Menschen mit Behinderungen den vollen Genuss dieses Rechts und ihre volle Einbeziehung in die Gemeinschaft und Teilhabe an der Gemeinschaft zu erleichtern, indem sie unter anderem gewährleisten, dass*
> *a. Menschen mit Behinderungen gleichberechtigt die Möglichkeit haben, ihren Aufenthalt zu wählen und zu entscheiden, wo und mit wem sie leben, und nicht verpflichtet sind, in besonderen Wohnformen zu leben;*
> *b. Menschen mit Behinderungen Zugang zu einer Reihe von gemeindenahen Unterstützungsdiensten zu Hause und in Einrichtungen haben, einschließlich der persönlichen Assistenz, die zur Unterstützung des Lebens in der Gemeinschaft sowie zur Verhinderung von Isolation und Absonderung von der Gemeinschaft notwendig ist (...).*

Artikel 19 ist die Rechtsgrundlage für die Inklusion von Menschen mit Behinderungen. Wie Menschen ohne Behinderung sollen sie ihren Lebensort frei wählen können und aufgrund der Schwere ihrer Beeinträchtigung nicht auf einen Ort angewiesen sein, an dem die Hilfen mit dem Mietvertrag verquickt sind.

Die Trennung von Wohnform und Unterstützungsleistung war die zentrale Aufgabe bei der Neugestaltung des SGB IX. Die Leistungen zur Sozialen Teilhabe als genuine Leistungen der Eingliederungshilfe mussten unabhängig von betreuten Wohnformen geregelt werden.

Die Interessenvertretungen der Menschen mit Körper- und Sinnesbehinderungen versuchten mit Unterstützung von namhaften Sozialrechtsexperten wie Harry Fuchs darauf hinzuwirken, dass alle Leistungen der Rehabilitation und Teilhabe aus dem SGB IX von der öffentlichen Hand erbracht werden. Dadurch wäre die gegliederte Sozialgesetzgebung für Menschen mit Behinderung aufgehoben worden. Für die gesetzliche Kranken- und Rentenversicherung hätte das zu einer finanziellen Entlastung geführt, auf die öffentliche Hand wären immense Kosten zugekommen. Die Bundesländer stimmten schließlich zu, die Leistungen der Eingliederungshilfe aus dem Sozialhilfegesetz in einen neuen, zweiten Teil des SGB IX zu überführen, aber nur unter der Bedingung, dass die Leistungen der Sozialen Teilhabe ausschließlich dem Personenkreis der Menschen mit wesentlichen Behinderungen vorbehalten sind. Auf diese Weise sollte der leistungsberechtigte Personenkreis eingeschränkt werden und die Kosten sollten überschaubar bleiben. Die Bestimmung des Begriffes der wesentlichen Behinderung löste daher eine heftige Kontroverse aus, die bis zum Ende des Jahres 2022 gelöst sein sollte, es aber bis zum Erscheinen des Buches noch nicht ist (s. S. 46).

Leistungen zur Rehabilitation und Teilhabe wie aus einer Hand

Nicht nur die Bestimmung des leistungsberechtigten Personenkreises führte zu Verwirrungen, sondern auch die Aufteilung des Teilhaberechts in zwei Teile. Teil 1 SGB IX regelt die allgemeinen Vorschriften für alle in § 6 SGB IX genannten Rehabilitationsträger, Teil 2 das Eingliederungshilferecht als »besondere Leistungen zur selbstständigen Lebensführung«. Das bedeutet, dass die allgemeinen Prinzipien des Rechts der Rehabilitation und Teilhabe auch für Menschen mit wesentlicher Behinderung gelten, der Träger der Eingliederungshilfe jedoch die spezifischen Vorschriften für die Leistungen der Eingliederungshilfe beachten muss. Die allgemeinen Vorschriften weisen das SGB IX als Antidiskriminierungs- und Fördergesetz aus, das nicht nur die Kompensation der Behinderung zum Gegenstand hat, sondern auch die Rehabilitation zur Überwindung der Behinderung (s. § 1, S. 11). Die Aufgabe der Eingliederungshilfe muss daher universell formuliert werden und alle Rehabilitationsleistungen umfassen. In § 90, dem ersten Paragrafen des Teils 2, wird das geleistet:

§ 90 SGB IX
Aufgabe der Eingliederungshilfe
(1) Aufgabe der Eingliederungshilfe ist es, Leistungsberechtigten eine individuelle Lebensführung zu ermöglichen, die der Würde des Menschen entspricht, und die volle, wirksame und gleichberechtigte Teilhabe am Leben in der Gesellschaft zu fördern. Die Leistung soll sie befähigen, ihre Lebensplanung und -führung möglichst selbstbestimmt und eigenverantwortlich wahrnehmen zu können.
(2) Besondere Aufgabe der medizinischen Rehabilitation ist es, eine Beeinträchtigung nach § 99 Absatz 1 abzuwenden, zu beseitigen, zu mindern, auszugleichen, eine Verschlimmerung zu verhüten oder die Leistungsberechtigten so weit wie möglich unabhängig von Pflege zu machen.
(3) Besondere Aufgabe der Teilhabe am Arbeitsleben ist es, die Aufnahme, Ausübung und Sicherung einer der Eignung und Neigung der Leistungsberechtigten entsprechenden Beschäftigung sowie die Weiterentwicklung ihrer Leistungsfähigkeit und Persönlichkeit zu fördern.
(4) Besondere Aufgabe der Teilhabe an Bildung ist es, Leistungsberechtigten eine ihren Fähigkeiten und Leistungen entsprechende Schulbildung und schulische und hochschulische Aus- und Weiterbildung für einen Beruf zur Förderung ihrer Teilhabe am Leben in der Gesellschaft zu ermöglichen.

(5) Besondere Aufgabe der Sozialen Teilhabe ist es, die gleichberechtigte Teilhabe am Leben in der Gemeinschaft zu ermöglichen oder zu erleichtern.

Diese umfassende Definition der Aufgaben der Eingliederungshilfe verweist auf den gelungenen Kompromiss des Gesetzgebers, aber was genau hat sich verändert?

Das zentrale Feld des Trägers der Eingliederungshilfe sind nach wie vor die Leistungen der Sozialen Teilhabe sowie die Leistungen zur Teilhabe am Arbeitsleben in der Werkstatt für behinderte Menschen und analogen Formen (§ 111 SGB IX) bzw. zur Teilhabe an Bildung (§ 112 SGB IX). Die leistungsberechtigten Personen haben aber gleichwohl einen Anspruch auf Leistungen der medizinischen Rehabilitation zulasten der gesetzlichen Krankenversicherung, wenn diese zur Erreichung der vollen, wirksamen und gleichberechtigten Teilhabe erforderlich sind. Die Leistungen der Sozialen Teilhabe sind nach wie vor nachrangig, da sie keine Rehabilitationsleistungen sind, sondern lediglich die Teilhabe am Leben in der Gesellschaft sicherstellen sollen. Die Sicherstellung der Teilhabe erfolgt durch die Assistenzleistungen zur selbstbestimmten und eigenständigen Bewältigung des Alltages einschließlich der Tagesstrukturierung.

Die Assistenzleistung und das Persönliche Budget

Mit der Möglichkeit der persönlichen Assistenz im Rahmen des Persönlichen Budgets begann die zaghafte Umsetzung der UN-BRK in Deutschland. Das Persönliche Budget – bis 31.12.2017 geregelt in § 17 SGB IX – bedeutete für Menschen mit Körper- und Sinnesbehinderungen den Einstieg in eine personenzentrierte und selbstbestimmte Leistungserbringung: »Auf Antrag können Leistungen zur Teilhabe auch durch ein Persönliches Budget ausgeführt werden, um den Leistungsberechtigten in eigener Verantwortung ein möglichst selbstbestimmtes Leben zu ermöglichen.«

Das Persönliche Budget bot Menschen mit Behinderungen erstmals die Gelegenheit, die leistungserbringenden Personen selbst auszusuchen. Da die Leistungen zur Teilhabe am Leben in der Gemeinschaft im Rahmen der Eingliederungshilfe über die Sozialhilfe erbracht wurden, nutzten Betroffene mit Körper- und Sinnesbehinderungen lieber die Leistungen der Pflegeversicherung SGB XI, die in diesem Rahmen von Personen ohne Ausbildung erbracht werden konnten. Es etablierte sich der Begriff der Budgetassistenz.

Das BTHG erhob das Persönliche Budget in § 29 SGB IX ab 01.01.2018 zu einer Regelleistungsform: »Auf Antrag der Leistungsberechtigten werden Leistungen zur Teilhabe durch die Leistungsform eines Persönlichen Budgets ausgeführt, um den Leistungsberechtigten ein möglichst selbstbestimmtes Leben zu ermöglichen.«

Die Feststellung der Leistungen wird an die Vorschriften zur Erkennung, Ermittlung und Koordinierung des Rehabilitationsbedarfs angepasst: »Persönliche Budgets werden auf der Grundlage der nach Kapitel 4 getroffenen Feststellungen so bemessen, dass der individuell festgestellte Bedarf gedeckt wird und die erforderliche Beratung und Unterstützung erfolgen kann. Dabei soll die Höhe des Persönlichen Budgets die Kosten aller bisher individuell festgestellten Leistungen nicht überschreiten, die ohne das Persönliche Budget zu erbringen sind.«

Dieser Kostenvorbehalt ist nicht neu. Allerdings wurden mit dem BTHG als wesentliche Leistungen der Sozialen Teilhabe die Assistenzleistungen eingeführt, während die Leistungen der Pflege nach SGB XI keine Teilhabeleistungen sind. Die Leistungen zur Sozialen Teilhabe sollen vielmehr Pflegebedürftigkeit vermeiden oder mildern (s. S. 20).

Die Assistenzleistungen sind zu einem beträchtlichen Teil qualifizierte Leistungen zur Befähigung der leistungsberechtigten Personen zur eigenständigen Alltagsbewältigung. Diese sind in der Regel die erforderlichen Leistungen für Menschen mit psychischen Beeinträchtigungen, sodass es für diesen Personenkreis kein Problem ist, dass sie nicht budgetfähig sind.

Assistenzleistungen als nachrangige Leistungen zur Rehabilitation und Teilhabe

Die Assistenzleistungen zur Sozialen Teilhabe sind die universellen Leistungen der Eingliederungshilfe, mit denen Menschen mit wesentlicher Behinderung trotz ihrer körperlichen, geistigen oder seelischen Beeinträchtigungen die eigenständige Lebensbewältigung ermöglicht werden soll. Sie stehen somit am Ende eines Unterstützungsprozesses, der bei Menschen mit psychischen Erkrankungen mit Leistungen der Krankenbehandlung beginnt und anschließend in Leistungen der medizinischen Rehabilitation nach § 42 SGB IX übergehen müsste (Abb. 1, S. 24 f.). Das sozialrechtlich fundierte Modell gemeindepsychiatrischer Versorgung zeigt auf, in welcher Form das gegliederte Sozialrechtssystem entwickelt werden muss, damit die Assistenzleistung eine nachrangige Leistung sein kann.

ABBILDUNG 1 ***Vernetzte gemeindepsychiatrische Leistungserbringung***

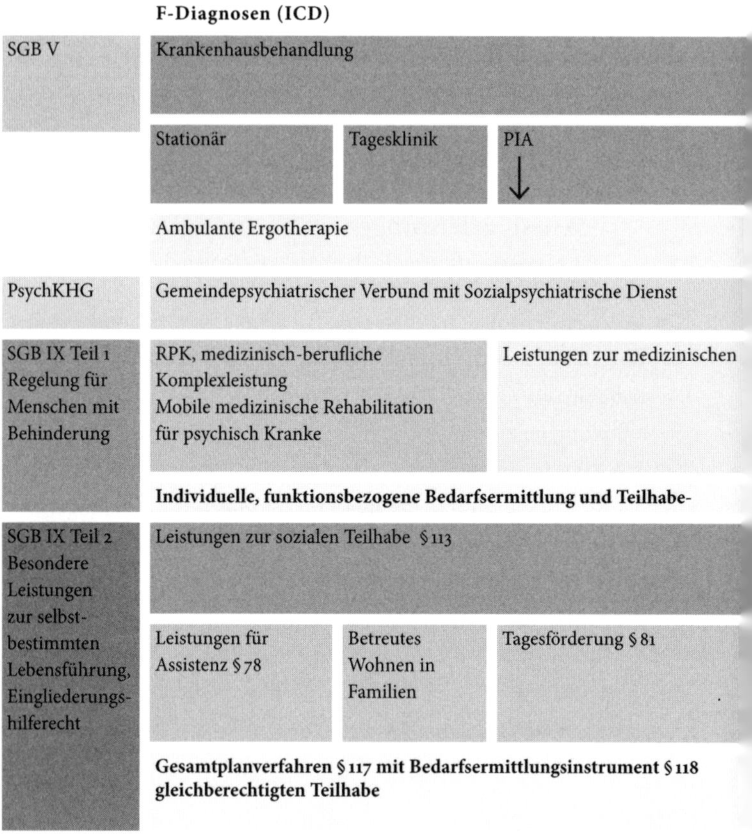

Personen mit (drohenden) chronischen psychischen Erkrankungen haben grundsätzlich einen Anspruch auf Leistungen der medizinischen Rehabilitation nach den Vorschriften des SGB IX (Konrad & Dellmann 2022, S. 55–76), doch sind diese Leistungen bisher für diesen Personenkreis nicht erschlossen (Fegert u. a. 2022). Mit den Assistenzleistungen werden keine Rehabilitationsleistungen im ei-

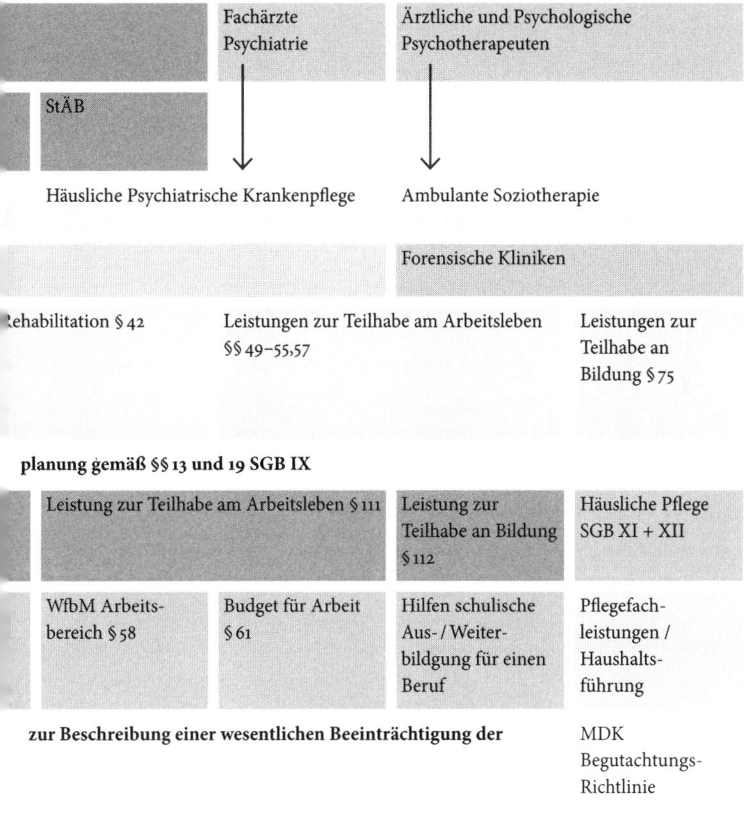

gentlichen Sinne erbracht. Sie haben im Gegensatz zur medizinischen Rehabilitation nicht zum Ziel, »eine Behinderung oder Pflegebedürftigkeit abzuwenden und zu beseitigen«, sondern sie sollen trotz der Behinderung eine möglichst selbstbestimmte und eigenverantwortliche Lebensführung im eigenen Wohnraum ermöglichen. Das schließt eine Rufbereitschaft ein. Die Assistenzleistungen können während des gesamten Tagesablaufs von 24 Stunden gewährleistet werden – wenn ein Unterbringungsbeschluss nach § 1906 BGB vorliegt auch in einer besonderen Wohnform.

Gleichwohl hat der Gesetzgeber, offensichtlich auf Drängen der Behindertenhilfe, die Leistung zum Erwerb und Erhalt praktischer Kenntnisse und Fähigkeiten nach § 81 SGB IX eingeführt. Diese Leistung bietet behinderten Menschen, die nicht werkstattfähig sind, ein institutionelles Angebot. Angesichts der starken Lobby der WfbM-Träger konnte sich der Gesetzgeber offensichtlich nicht durchsetzen, die Leistungen der Teilhabe am Arbeitsleben als umfassend inklusives Angebot der Eingliederungshilfe einzuführen und die WfbM als »besondere Arbeitsform« parallel zu der besonderen Wohnform zu ermöglichen. Mit dem Budget für Arbeit nach § 61 hat er jedoch Anreize geschaffen, die Leistung der Teilhabe am Arbeitsleben getrennt von der behinderungsspezifischen Fachleistung zu erbringen. Gemeindepsychiatrische Zentren könnten allerdings Leistungen nach §§ 60 und 61 SGB IX anbieten und die behinderungsspezifischen Fachleistungen mit einer Leistungsvereinbarung spezifischer Assistenzleistungen erbringen (s. S. 63 f.).

Welche Assistenzleistungen das sein können, wird in § 78 beschrieben (s. nächste Seite).

Die Assistenzleistung zur Sozialen Teilhabe

Die Assistenzleistungen werden auf Grundlage der Vorschriften nach §78 SGB IX (Teil 1) erbracht. Es gilt damit das grundlegende Ziel des SGB IX, die Selbstbestimmung und gleichberechtigte Teilhabe am Leben in der Gesellschaft zu fördern, Benachteiligungen zu vermeiden oder ihnen entgegenzuwirken.

> ***§78 SGB IX***
> ***Assistenzleistungen***
> *(1) Zur selbstbestimmten und eigenständigen Bewältigung des Alltages einschließlich der Tagesstrukturierung werden Leistungen für Assistenz erbracht. Sie umfassen insbesondere Leistungen für die allgemeinen Erledigungen des Alltags wie die Haushaltsführung, die Gestaltung sozialer Beziehungen, die persönliche Lebensplanung, die Teilhabe am gemeinschaftlichen und kulturellen Leben, die Freizeitgestaltung einschließlich sportlicher Aktivitäten sowie die Sicherstellung der Wirksamkeit der ärztlichen und ärztlich verordneten Leistungen. Sie beinhalten die Verständigung mit der Umwelt in diesen Bereichen.*
> *(2) Die Leistungsberechtigten entscheiden auf der Grundlage des Teilhabeplans nach §19 über die konkrete Gestaltung der Leistungen hinsichtlich Ablauf, Ort und Zeitpunkt der Inanspruchnahme. Die Leistungen umfassen*
> 1. *die vollständige und teilweise Übernahme von Handlungen zur Alltagsbewältigung sowie die Begleitung der Leistungsberechtigten und*
> 2. *die Befähigung der Leistungsberechtigten zu einer eigenständigen Alltagsbewältigung.*

Die Leistungen nach Nummer 2 werden von Fachkräften als qualifizierte Assistenz erbracht. Sie umfassen insbesondere die Anleitungen und Übungen in den Bereichen nach Absatz 1 Satz 2.
(3) Die Leistungen für Assistenz nach Absatz 1 umfassen auch Leistungen an Mütter und Väter mit Behinderungen bei der Versorgung und Betreuung ihrer Kinder.
(4) Sind mit der Assistenz nach Absatz 1 notwendige Fahrkosten oder weitere Aufwendungen des Assistenzgebers, die nach den Besonderheiten des Einzelfalles notwendig sind, verbunden, werden diese als ergänzende Leistungen erbracht.
(5) Leistungsberechtigten Personen, die ein Ehrenamt ausüben, sind angemessene Aufwendungen für eine notwendige Unterstützung zu erstatten, soweit die Unterstützung nicht zumutbar unentgeltlich erbracht werden kann. Die notwendige Unterstützung soll hierbei vorrangig im Rahmen familiärer, freundschaftlicher, nachbarschaftlicher oder ähnlich persönlicher Beziehungen erbracht werden.
(6) Leistungen zur Erreichbarkeit einer Ansprechperson unabhängig von einer konkreten Inanspruchnahme werden erbracht, soweit dies nach den Besonderheiten des Einzelfalles erforderlich ist.

Mit den sechs Assistenzleistungen hat der Gesetzgeber die für die Soziale Teilhabe erforderlichen Leistungen weitgehend geregelt, sie sind in den Landesrahmenverträgen der Bundesländer mit Bezug auf die neun Kapitel der ICF-Komponente »Aktivitäten und Teilhabe« auszubuchstabieren.

Aus den Assistenzleistungen lassen sich personenzentrierte Leistungsangebote für verschiedene Teilhabebereiche entwickeln, für die die Leistungserbringer mit dem Träger der Eingliederungshilfe Leistungsvereinbarungen nach §125 SGB IX abschließen (s. S. 63 f.). Der offene Leistungskatalog, der durch das Wort »insbesondere« angezeigt wird, wurde bei der Erstellung der Landesrahmenverträge teilweise zu weit ausgelegt. Es wurden institutionelle Leistungen wie der Reinigungsdienst einer besonderen Wohnform oder Pflegeleistungen nach SGB IX als Leistungen zur eigenständigen Bewältigung des Alltags definiert. Assistenzleistungen über die sechs aufgeführten Leistungen hinaus sind jedoch nur Leistungen zur eigenständigen Bewältigung des Alltags, die nicht unter den Leistungskatalog von §78 Absatz 1 subsummiert werden können. Am ehesten könnte das noch für die Leistung zur Gesundheitssorge der Fall sein (DVfR 2021). Diese für Menschen mit psychischen Beeinträchtigungen sehr wichtige Leistung kann jedoch problemlos mit der Assistenzleistung zur Sicherstellung der ärztlichen und ärztlich verordneten Leistungen verbunden werden (s. S. 92 ff.).

Im Folgenden werden die Leistungen einzeln vorgestellt, die im Gesetz explizit genannt werden.

»Zur selbstbestimmten und eigenständigen Bewältigung des Alltags«

Bereits im ersten Satz werden Zweck und Ziel der Assistenzleistung unmissverständlich benannt. Das ist wichtiger als oft angenommen wird, da die Pflegeleistung nach SGB XI auch der Bewältigung des Alltags dienen soll. Allerdings ist Voraussetzung einer Pflegeleistung, dass voraussichtlich für längere Zeit eine körperliche Unselbstständigkeit besteht und durch Pflegeleistungen nach SGB IX kompensiert werden muss. Und schon wieder gibt es Abgrenzungsprobleme. Die körperliche Unselbstständigkeit oder Unfähigkeit und die dadurch bestehende Pflegebedürftigkeit können auch bei Menschen mit ausschließlich psychischen Beeinträchtigungen gegeben sein. Denn auch das Gehirn, in dem alle mentalen Prozesse verarbeitet werden, gehört zum Körper.

In der ICF wird diesem Umstand in Kapitel 1 der Klassifikation der Körperfunktionen unter der Überschrift »Mentale Funktionen«

(b110–b199, s. S. 51) Rechnung getragen. Es ist keine Seltenheit, dass eine imperative Stimme (b1560) das Waschen des Körpers verbietet und die betreffende Person krankheitsbedingt nicht in der Lage ist, sich z. B. zu duschen. Nach der Definition der Pflegebedürftigkeit besteht dann eine krankheitsbedingte Ursache der eingeschränkten Selbstständigkeit. Wenn die leistungsberechtigte Person jedoch mental fähig wäre, die Handlung mit personeller Unterstützung auszuführen, liegt eine Teilhabebeeinträchtigung vor, und es besteht Anspruch auf eine Assistenzleistung. Die Leistungen der Eingliederungshilfe sind daher Förderleistungen, während die Leistungen der Altenpflege Kompensationsleistungen sind.

Die Assistenzleistung zur Sozialen Teilhabe hat einen vollkommen anderen Ansatz als die kompensatorische Pflegeleistung: Sie ist zielgerichtet und aktiv. Die verschiedenen Assistenzleistungen sollen dazu beitragen, dass die leistungsberechtigte Person den Alltag zunehmend selbst bewältigen und bestimmen kann (Gühne & Konrad 2019). Daher ist es keine Frage, dass Leistungen zur Sozialen Teilhabe auch in Einrichtungen erbracht werden können, in denen sich Personen mit Unterbringungsbeschluss befinden. Die dort erbrachten Assistenzleistungen dürfen jedoch keine kompensatorischen Leistungen sein, sondern müssen das Ziel haben, die leistungsberechtigten Personen sukzessive zum Leben in einer eigenständigen Wohnform zu befähigen.

Soziologisch muss berücksichtigt werden, dass die eigenständige Bewältigung des Alltags in der modernen Gesellschaft auch für Menschen ohne Behinderung nicht nur ein Recht ist, sondern auch eine gesetzliche Pflicht. Mit Vollendung des 18. Lebensjahres muss das Leben eigenständig bewältigt werden. Dies ist angesichts sich immer weiter differenzierender Lebenswelten eine höchst individuelle Angelegenheit, man könnte auch sagen: eine Frage des Lebensstils. Die eine möchte jeden Tag ein opulent zubereitetes Essen, dem anderen ist eine saubere und geschmackvoll eingerichtete Wohnung wichtiger. Daher trifft die Assistenzleistung zur Sozialen Teilhabe immer auch auf eine kulturelle Prägung, die vor allem bei Menschen anderer Glaubensrichtungen berücksichtigt werden muss. Wie viele Fehler man bei der Assistenzleistung in einer muslimischen Familie machen kann, hat Ibrahim RÜSCHOFF (2020) eindrücklich beschrieben.

»einschließlich der Tagesstrukturierung«

Die Assistenzleistungen umfassen auch die Tagesstrukturierung – mit Ausnahme der WfbM, deren Unterstützungsleistungen über die Werkstättenverordnung geregelt werden. Bei anderen Anbietern von WfbM-Leistungen, also bei öffentlichen oder privaten Arbeitgebern nach § 60 SGB IX können jedoch spezifische Assistenzleistungen erbracht werden (s. S. 77 f.). Das gilt auch für Leistungen im Rahmen des Persönlichen Budgets für Arbeit nach § 61 SGB IX.

In der Vergangenheit gab es in den stationären Einrichtungen Leistungstypen für das Wohnen und Leistungstypen für die Tagesstruktur. Nach dem Wechsel von dem institutionszentrierten Angebot zur personenzentrierten Leistung hat die Tagesstrukturierung keinen verpflichtenden Ort mehr, sondern kann in den unterschiedlichsten Räumlichkeiten stattfinden: in einem sozialpsychiatrischen oder gemeindepsychiatrischen Zentrum, aber auch an Orten, die nicht von gemeindepsychiatrischen Einrichtungen organisiert werden, wie Jugendzentren, Seniorentreffs usw. Außerdem erleichtert die Tagesstrukturierung nach individuellem Bedarf die Aufnahme von Beschäftigungen oder Tätigkeiten, die unterhalb der von der Arbeitsverwaltung akzeptierten Schwelle von drei Stunden liegen wie z. B. Zuverdienstleistungen, die nach den Empfehlungen des Deutschen Vereins in Zukunft über Assistenzleistungen zur Sozialen Teilhabe geleistet werden können (DV 2019).

»Die Leistungsberechtigten entscheiden über die konkrete Gestaltung der Leistungen …«

In dieser Hinsicht zeigt sich das Alleinstellungsmerkmal der Leistungen des Rehabilitationsträgers Eingliederungshilfe gegenüber den Leistungen anderer Rehabilitationsträger mit Ausnahme der Unfallversicherung (s. S. 45). Das wird nur verständlich, wenn man die neuen Leistungen der Eingliederungshilfe aus der Warte der UN-BRK betrachtet. Es geht um die Vermeidung von Diskriminierung. Die Leistungen der Eingliederungshilfe sollen einen Nachteil gegenüber Menschen ohne Behinderung ausgleichen. Menschen mit Behinderung müssen sich nicht länger diktieren lassen, in welchen gesellschaftlichen Bereichen sie teilhaben möchten und wie sie das angehen. Eine besondere Wohnform mit festen gemeinsamen Essenszeiten widerspricht damit dem Geist des Gesetzes.

»… hinsichtlich Ablauf, Ort und Zeitpunkt der Inanspruchnahme«

Dieser Halbsatz führt bei den Leistungserbringern zu den größten Befürchtungen. Diese sind berechtigt und werden vor allem von der Behindertenhilfe mit einem Festhalten an der besonderen Wohnform mit einem möglichst großen Basismodul zu kontern versucht.

Der Vorteil von großen Institutionen des Sozialbereichs ist ein rationeller Tagesablauf. Der Soziologe Norbert Elias hat im ersten Band seines Werkes »Über den Prozess der Zivilisation« gezeigt, wie lange die Umformung der menschlichen Alltagsgewohnheiten gedauert hat, bis sie sich einigermaßen auf Knigge-Niveau befanden (Elias 1998, S. 57 ff.). Die psychiatrischen Anstalten und die Behinderteneinrichtungen wurden zur Zeit der Psychiatrie-Enquête mit einer arbeitsteiligen Mannschaft geführt, in der die therapeutisch Tätigen die Minderheit darstellten und auch die Pflege oft auf die Übernahme von hauswirtschaftlichen Tätigkeiten reduziert wurde (Konrad 1985).

Die Organisation der Erbringung von Assistenzleistungen ist daher die größte Herausforderung für die Leistungserbringer. Die Rückkehr zur Normalität in Form der selbstbestimmten Bewältigung des Alltags ist jedoch nicht anders möglich. Menschen mit seelischer und geistiger Behinderung leben häufig in selbstverantworteten oder teilweise selbstverantworteten Wohngemeinschaften nach dem Modell einer studentischen WG. Die Personen kennen sich nicht näher und bilden in erster Linie eine Zweckgemeinschaft. Sie müssen sich zunächst einigen, wie sie das Zusammenleben gestalten wollen, und können dann die gemeinsame und individuelle Inanspruchnahme der Assistenzleistungen regeln. In besonderen Wohnformen muss der Leistungserbringer organisatorische Regelungen treffen, wie die individuellen Entscheidungen der leistungsberechtigten Personen hinsichtlich Ablauf, Ort und Zeitpunkt der Inanspruchnahme koordiniert werden können.

Ein Leistungserbringer von mobilen Assistenzleistungen (s. S. 100 ff.) sollte nicht zu klein sein, um ein differenziertes Angebot von Leistungen nach individuellem Bedarf anbieten zu können – oder sich mit anderen Anbietern vernetzen. Die Platzzahl spielt in Zukunft keine wesentliche Rolle mehr, sondern die flexible Erbringung von Assistenzleistungen durch ein multiprofessionelles Team mit ausreichend Mitarbeitenden.

Ein Vorteil im Vergleich zu Pflegeleistungen ist, dass Teilhabeleistungen bei geistig und seelisch behinderten Menschen besser über den Tag verteilt werden können. In der Pflege gibt es einen Stau am frühen Vormittag und am Abend. Ambulante Teilhabedienste werden ein System entwickeln müssen, wie sie die Inanspruchnahme koordinieren. An einer umsichtigen Organisationsleitung wird kein Weg vorbeiführen.

»Die Leistungen umfassen die vollständige und teilweise Übernahme von Handlungen zur Alltagsbewältigung«

Die teilweise oder vollständige Übernahme von Verrichtungen stand in der Vergangenheit im Vordergrund der Leistungserbringung bei Menschen mit seelischer und geistiger Behinderung in stationären Wohnformen der Eingliederungshilfe. Sie wurde als kompensatorische Assistenz in die Vorschriften zu Assistenzleistungen übernommen und ist vor allem für Personen mit Körper- und Sinnesbehinderung und vor allem mit Mehrfachbeeinträchtigungen unverzichtbar. Aber auch Menschen mit seelischer Behinderung haben Phasen, in denen sie selbst mit Unterstützung nicht in der Lage sind, die Verrichtungen des täglichen Lebens eigenständig zu bewältigen. Insbesondere ist dies bei starken depressiven Stimmungen der Fall, die bei allen psychischen Erkrankungen phasenweise vorkommen.

Allein die Art der Verrichtung definiert nicht die Sozialleistung, sondern die Zuordnung zu einem Ziel. Wie bereits ausgeführt (s. S. 30) geht es um die Frage, ob die Förderung der Teilhabe am Leben in der Gesellschaft im Vordergrund steht oder der Ausgleich des Verlustes der verloren gegangenen Selbstständigkeit.

Die Frage der Abgrenzung ist im Gesamtplanverfahren durch den Teilhabeplan zu lösen (s. S. 61 ff.).

»die Begleitung der Leistungsberechtigten«

Hier gilt Ähnliches wie für die Übernahme von Handlungen zur Alltagsbewältigung. Allerdings ist mit Begleitung tatsächlich die »reine« Begleitung gemeint, wie das auch bei Menschen ohne Behinderung der Fall ist, wenn z. B. die Begleitung einer Gruppe zu einem Fußballspiel gefordert ist. Sobald jedoch die Notwendigkeit der Assistenz zur

Gestaltung sozialer Beziehungen besteht, etwa bei Personen mit starken sozialen Ängsten oder sehr geringem Selbstwert, kann eine aktive Form der Assistenzleistung infrage kommen. Ähnlich kann es bei der Begleitung zu einem Arztbesuch sein. Geht es nur um das sichere Ankommen ohne Wegetraining oder geht es auch um die inhaltliche Auseinandersetzung mit der Behandlung und die Vorbereitung des oft angstbesetzten Arzttermins?

»die Befähigung zu einer eigenständigen Alltagsbewältigung«

Mit der Befähigung zur eigenständigen Alltagsbewältigung wurde ein neuer Leistungstatbestand in die Leistungen zur Sozialen Teilhabe aufgenommen, der pädagogische und psychosoziale Aspekte umfasst. Damit löst der Gesetzgeber ein, was er in § 1 Absatz 2 SGB IX versprochen hat: die Berücksichtigung der besonderen Bedürfnisse von Menschen mit seelischer Behinderung.

Die behutsame Unterstützung bei der eigenständigen Alltagsbewältigung entspricht den Vorstellungen von Recovery und Empowerment (vgl. Zuaboni u.a. 2019), die auch in dem Update der S3-Leitlinien Psychosoziale Therapien gewürdigt wird (Gühne u.a. 2019, S. 40). Der Begriff der Befähigung grenzt sich eindeutig von dem Begriff des Helfens ab und kann als Paradigmenwechsel in der Sozialen Arbeit bezeichnet werden (Konrad & Rosemann 2020). Die Theorie und die Praxis der befähigenden Unterstützung müssen jedoch erst noch entwickelt werden.

Der Gesetzgeber hat in der Gesetzesbegründung zum BTHG den Begriff der Assistenz abgegrenzt von »förderzentrierten Ansätzen der Betreuung, die ein Über- / Unterordnungsverhältnis zwischen Leistungserbringern und Leistungsberechtigten bergen«. Im Assistenzbegriff komme »ein verändertes Verständnis von professioneller Hilfe zum Ausdruck«, wonach »konsequenterweise auch die Beziehungsgestaltung zwischen Leistungsberechtigten und Leistungserbringern neu bestimmt« werden müsse (Deutscher Bundestag 2016, S. 261).

Bei der befähigenden Unterstützung handelt es sich nicht um eine therapeutische oder pädagogische Technik, sondern um eine reflektierende Begleitung, die Theunissen (2019) als positive Verhaltensunterstützung bezeichnet hat. Die Assistenzperson muss sich auf den Betroffenen und sein Umfeld »einlassen« und dabei die emotionale Komponente im Sinne des Fallverstehens in der Begegnung (Hildenbrand 2016) reflektieren.

Für das Verständnis der besonderen Situation der leistungsberechtigten Person helfen die lebensgeschichtliche Rekonstruktion und die ICF-Kategorien (Konrad & Dellmann 2022). Gleichzeitig muss die leistungserbringende Person auf der mitmenschlichen Ebene so interagieren, dass sie »den Ansprüchen von Autonomiewahrung und Fürsorge gleichermaßen« genügt (Prestin 2021). Einen fachlichen Zugang bieten die »Methodenschätze« von Hammer und Plössl (2020). Ausgehend von den Regulationssystemen des Menschen – Alarmsystem, Antriebssystem und Bindungssystem – bieten sie hilfreiche Ansätze zu Kommunikation und Gesprächsführung, zum Umgang mit Emotionen und zum Umgang mit Gedanken sowie Motivation. Praktisch muss sich die Assistenzperson in die Rolle der betroffenen Person versetzen, um zu erspüren, wie diese ihre Rolle im Alltag finden kann.

»Die Leistungen werden als qualifizierte Assistenz erbracht«

Die Befähigung zur eigenständigen Alltagsbewältigung ist bei Personen mit mentalen Beeinträchtigungen eine qualifizierte Fachleistung, da sie auch die Befähigung zu selbstbestimmten Entscheidungen umfasst. Der Gesetzgeber schreibt daher vor, dass sie nur von Fachkräften mit mindestens dreijähriger Berufsausbildung oder Hochschulausbildung im sozialen, pädagogischen oder gesundheitlichen Bereich erbracht werden kann.

Wird die Definition der befähigenden Unterstützung als Beziehungsgestaltung auf Augenhöhe ernst genommen, wird für die qualifizierte Assistenz für Menschen mit seelischer und geistiger Behinderung auf Dauer ein Weiterbildungscurriculum erforderlich sein. Im Hinblick auf die unterschiedlichen mentalen Beeinträchtigungen und die verschiedenartigen Assistenzleistungen wird ein Team, das mobile Teilhabeleistungen erbringt, aus Mitgliedern mit unterschiedlichen professionellen Kompetenzen bestehen müssen, um die unterschiedlichen Bedarfe der leistungsberechtigten Personen abdecken zu können. Personen mit seelischen Beeinträchtigungen benötigen aufgrund der Beeinträchtigung der interpersonellen Interaktionen und Beziehungen vor allem qualifizierte Assistenzleistungen zur Gestaltung sozialer Beziehungen, die am ehesten von Fachkräften der angewandten Psychologie erbracht werden können. Personen mit Körperbehinderungen benötigen vor allem qualifizierte Assistenz zur Mobilität und können hierbei vor allem durch Physiotherapeuten und Sporttherapeutinnen befähigt werden. Personen mit geistiger Beeinträchtigung benötigen Befähigung in allen administrativen Belangen, die das Spezialgebiet der Sozialarbeit sind.

»Leistungen an Mütter und Väter mit Behinderungen«

Mit Absatz 3 hat der Gesetzgeber einen neuen Leistungstatbestand eingeführt, der vor allem für alleinerziehende Mütter mit seelischer Behinderung von zentraler Bedeutung ist. Neben Assistenzleistungen, die sie für die eigenständige Bewältigung des Alltags benötigen, können sie Assistenzleistungen zur Versorgung und Betreuung ihrer Kinder erhalten. Die Gesetzesformulierung »Die Leistungen für Assistenz nach Absatz 1 umfassen auch (...)« zeigt an, dass alle Assistenzleistungen zu der zusätzlichen Alltagsbewältigung der Versorgung und Betreuung der Kinder genutzt werden können. Durch dieses Angebot wird der Verbleib der Kinder in ihrem Zuhause auch bei einer schweren psychischen Erkrankung der Mütter wahrscheinlicher.

Die Assistenzleistung für Mütter und Väter mit Behinderung bildet zwei unterschiedliche Ebenen ab: die »Elternassistenz« und die »begleitete Elternschaft«. Elternassistenz als kompensatorische Assistenz dient dazu, Eltern mit körperlichen oder Sinnesbeeinträchtigungen bei der Versorgung ihrer Kinder zu unterstützen, z. B. durch Hilfe im Haushalt und Begleitung außerhalb der Wohnung oder Hilfe bei der Versorgung bzw. Pflege der Kinder. Diese Leistung kann gut durch Nachbarn im Rahmen eines Persönlichen Budgets erbracht werden.

Die begleitete Elternschaft wird als qualifizierte Assistenz gewährt. Sie dient dazu, Eltern mit seelischen oder geistigen Beeinträchtigungen bei der Wahrnehmung der Elternrolle zu unterstützen, und zwar durch pädagogische Anleitung, Beratung und Begleitung.

Hilfen zur Erziehung gibt es auch nach dem SGB VIII. Die Sozialpädagogische Familienhilfe nach § 37 SGB VIII soll »durch intensive Betreuung Familien in ihren Erziehungsaufgaben« unterstützen. Die Hilfen werden geleistet, wenn das Kind auffällig wird. Die begleitete Elternschaft wird geleistet, wenn die erziehungsberechtigte Person die Anspruchsvoraussetzungen einer wesentlichen Behinderung erfüllt. Die Hilfen können daher einsetzen, bevor das Kind auffällig wird, und so eine präventive Wirkung entfalten.

Die Rolle der Assistenzpersonen ist in diesem Fall diffizil, da eben nicht das Kind unterstützt wird, sondern ein oder beide Elternteile. Die Assistenzperson muss vermeiden, ihren eigenen Erziehungsstil auf die leistungsberechtigte Person zu übertragen. Sie muss sich vielmehr in deren Rolle versetzen und sie auf der Ebene der wachsenden Beziehung unterstützen. Dabei ist ein hohes Maß an Empathie im Sinne des »taking the role of the other« (MEAD 1969) erforderlich.

»ergänzende Leistungen«: Fahrtkosten u. a.

In § 78 Absatz 4 SGB IX wird geregelt, worauf die ambulante Eingliederungshilfe schon lange wartet: die Erstattung der Fahrtkosten, die insbesondere in ländlichen Gebieten nicht unerheblich sind. In der Vergangenheit wurden diese Kosten und weitere Aufwendungen durch eine Betreuungspauschale finanziert. Das ist nach dieser neuen Regelung nicht mehr statthaft.

Zu den ergänzenden Leistungen gehören aber auch die Anschaffung von mobilen Mitteln der elektronischen Datenverarbeitung wie Laptops und Smartphones sowie der Zugang zu Videokonferenzen. Insbesondere die Assistenzleistung zur persönlichen Lebensplanung kann gut als Videokonferenz durchgeführt werden.

Wenn die Leistungserbringung nicht mehr in Einrichtungen erfolgt, sondern im Sozialraum, wird dies weitere ergänzende Maßnahmen mit sich bringen, z. B. eine Begleitung für den Besuch von Veranstaltungen, Sportstätten, Fitnessstudios, Schwimmbädern, wenn dies nach den Besonderheiten des Einzelfalls erforderlich ist.

»angemessene Aufwendungen« zur Unterstützung bei der Ausübung eines Ehrenamts

Die Unterstützung von Menschen mit Behinderung bei der Ausübung eines Ehrenamts ist eine neue gesetzliche Vorgabe. Der Gesetzgeber knüpft damit an das Ehrenamtsstärkungsgesetz vom 21. März 2013 an, mit dem Anreize für ehrenamtliches Engagement gesetzt wurden. Dass diese nun explizit auch für Menschen mit Behinderung gelten, beweist, dass der Gesetzgeber Artikel 19c der UN-BRK ernst nimmt, wonach keine Sonderformen für Menschen mit Behinderung geschaffen werden sollen, sondern die für alle Bürgerinnen und Bürger gültigen Regelungen zu nutzen sind. In § 78 Absatz 5 SGB IX wird nicht die Entschädigung für das ehrenamtliche Engagement geregelt, sondern die behinderungsbedingte Unterstützung zur Ausübung eines Ehrenamts.

Hier tut sich eine echte Chance für Menschen mit seelischen Behinderungen auf. Wie im Rahmen der Recovery-Forschung deutlich wurde, macht es nicht wenigen von ihnen ausgesprochen Freude zu helfen. Die ICF hält dafür auch eine Kategorie vor, nämlich »Anderen helfen« (d600).

Hilfsbereitschaft ist eine anthropologische Grundkonstante, die bei der Fixierung auf die Psychopathologie übersehen wurde und die vor allem bei Personen mit Borderline-Persönlichkeitsstörung ausgeprägt zu sein scheint (wie z. B. Elke Kühling in: Becker & Schlutz 2019, S. 31 ff.). Wenn die leistungsberechtigte Person nicht mehr den Status einer Patientin oder eines Bewohners hat, kann auch gegenseitige Hilfe gegen Entschädigung eine Option sein. Für die unterstützende Begleitung zur Ausübung eines Ehrenamtes eignen sich Expertinnen und Experten aus Erfahrung – auch hier tut sich wieder ein Arbeitsfeld für die Genesungsbegleitung auf.

»Erreichbarkeit einer Ansprechperson«

Hier treffen wir wieder auf eine Leistung, die im stationären Wohnbereich ohne Bedarfsprüfung geleistet wurde, im ambulanten Bereich aber nicht einmal bei Bedarf. Es geht um sogenannte Vorhalteleistungen, wie z. B. einen Rufbereitschaftsdienst an sieben Tagen über

24 Stunden. Die Formulierung »unabhängig von einer konkreten Inanspruchnahme« weist darauf hin, dass bei Assistenzleistungen außerhalb von besonderen Wohnformen stets eine Ansprechperson erreichbar sein muss. In jedem Einzelfall wird in der Teilhabeplanung zu prüfen sein, ob die Inanspruchnahme einer Rufbereitschaft erforderlich ist. Bei selbstbestimmt wohnenden Menschen mit seelischer Behinderung wird das in der Regel rund um die Uhr der Fall sein, da sich ihr Bedarf aus der Beeinträchtigung der interpersonellen Interaktionen in Beziehungen ergibt und Probleme mit Mitbewohnenden oder Nachbarn meist dann auftreten, wenn die Assistenzperson nicht anwesend ist.

Die Herausforderung für die Leistungserbringer ist die Organisation des Bereitschaftsdienstes. Im dezentralen Wohnen in Ravensburg hat sich bewährt, dass immer eine Fachkraft für 24 Stunden das Bereitschaftshandy hat und dieses mit einem kurzen Bericht von 15 Minuten an die nächste zuständige Person übergibt (Konrad u.a. 2006). Auf diese Weise kann für einen relativ großen Personenkreis immer eine Ansprechperson für aktuelle Probleme erreichbar sein, unabhängig davon, ob die unterstützte Person in ihrer eigenen Wohnung lebt, in einer betreuten Wohngemeinschaft oder einem Wohnheim.

Die Leistungserbringer sind hier ebenso wie die Leistungsträger zur Entwicklung neuer Organisationsformen aufgerufen, um den vom Gesetzgeber normierten Anspruch zu realisieren.

»Assistenzleistungen als Persönliches Budget«

Die Assistenzleistungen sind zum großen Teil qualifizierte Leistungen zur Befähigung der leistungsberechtigten Personen zur eigenständigen Alltagsbewältigung. Wenn Persönliche Budgets, wie in § 29 Absatz 2 SGB IX beschrieben, »in der Regel als Geldleistung ausgeführt« werden, gilt für die Leistungen der Eingliederungshilfe § 116 SGB IX, dass nur die einfachen Assistenzleistungen der Begleitung und der Übernahme von Handlungen zur Alltagsbewältigung im Rahmen eines Persönlichen Budgets finanziert werden können.

Für Menschen mit psychischen Beeinträchtigungen sind mit dem Persönlichen Budget allerdings keine Vorteile verbunden. Für sie werden Assistenzleistungen auf der Grundlage des Teilhabeplans erbracht, in dem ihre Wünsche zur konkreten Gestaltung der Leistungen ohnehin berücksichtigt werden müssen. § 104 Absatz 3 SGB IX gibt ihnen außerdem das Recht zur Wahl des Ortes der Leistungserbringung: »Soweit die leistungsberechtigte Person dies [Wohnen außerhalb besonderer Wohnformen; Anm. d. A.] wünscht, sind in diesem Fall die im Zusammenhang mit dem Wohnen stehenden Assistenzleistungen nach § 113 Absatz 2 Nummer 2 im Bereich der Gestaltung sozialer Beziehungen und der persönlichen Lebensplanung nicht gemeinsam zu erbringen.«

Wie kommt eine Person mit wesentlicher Behinderung zu Leistungen, die die gleichberechtigte Teilhabe ermöglichen?

Der Träger der Eingliederungshilfe hat durch das BTHG die Gesamtverantwortung für die Fallsteuerung und die Versorgungssteuerung erhalten. Diese wird realisiert durch den Vierklang Bedarfserkennung, Bedarfsermittlung, Teilhabeplanung und Abschluss von Leistungsvereinbarungen. Bei der Bedarfsermittlung wird er unterstützt von der jeweiligen Landesregierung, die das Nähere zu den Instrumenten der Bedarfsermittlung nach § 118 SGB IX mithilfe einer Rechtsverordnung bestimmen kann.

Darüber hinaus haben die Bundesländer nach § 94 Absatz 3 SGB IX auf »flächendeckende, bedarfsorientierte, am Sozialraum orientierte und inklusiv ausgerichtete Angebote von Leistungsanbietern hinzuwirken« und die Träger der Eingliederungshilfe bei der Umsetzung ihres Sicherstellungsauftrags zu unterstützen.

Grundlage für die Leistungsvereinbarungen ist ein Landesrahmenvertrag nach § 131 SGB IX, der zwischen den Trägern der Eingliederungshilfe und den Vereinigungen der Leistungserbringer unter Mitwirkung der Interessenvertretungen der Menschen mit Behinderungen geschlossen wird. Die Regelungen des BTHG haben die Rechte der Beteiligten grundlegend verändert (Abb. 2).

ABBILDUNG 2 ***Zuständigkeiten im Leistungsdreieck***

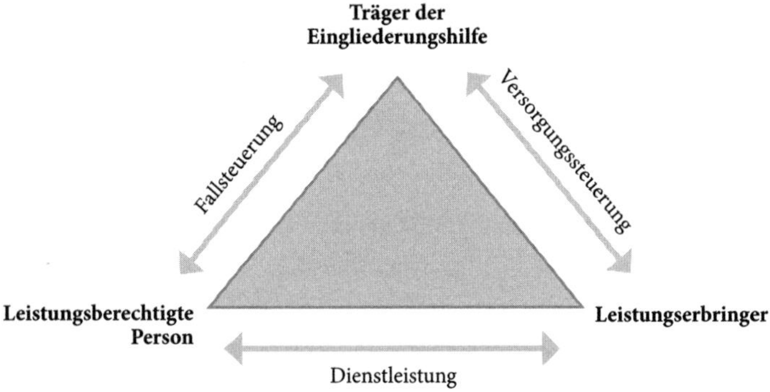

Die Fallsteuerung erfolgt über die Teilhabeplanung zwischen dem Träger der Eingliederungshilfe und der leistungsberechtigten Person, die nach den Vorschriften für das Gesamtplanverfahren in allen Schritten beteiligt sein muss und so ihre Wünsche zur Gestaltung der Assistenzleistungen einbringen kann. Die Versorgung wird über Leistungsvereinbarungen zwischen dem Träger der Eingliederungshilfe und den regionalen Leistungserbringern gesteuert, insbesondere was die Erbringung der Assistenzleistungen angeht. Die Leistungserbringer bieten diese auf Grundlage der Leistungsvereinbarung als Dienstleistung an. Die leistungsberechtigte Person wählt schließlich aus, bei welchen Dienstleistern sie Leistungen in Anspruch nimmt. Im Gegensatz zur früheren Praxis kann sie bei verschiedenen Leistungsanbietern unterschiedliche Dienstleistungen in Anspruch nehmen, wenn ihr diese im Gesamtplan zugesprochen wurden.

Beratung und Bedarfserkennung

Die Feststellung einer Behinderung ist Voraussetzung für das weitere Vorgehen. Da in der Vergangenheit meist eine abwehrende Prüfung erfolgte, hat der Gesetzgeber in § 12 SGB IX eine umfassende Beratungspflicht vorgeschrieben, die auf das frühzeitige Erkennen sowohl einer Behinderung als auch des Unterstützungsbedarfs zielt.

§ 12 SGB IX
Maßnahmen zur Unterstützung der frühzeitigen Bedarfserkennung

(1) Die Rehabilitationsträger stellen durch geeignete Maßnahmen sicher, dass ein Rehabilitationsbedarf erkannt und auf eine Antragstellung hingewirkt wird. Die Rehabilitationsträger unterstützen die frühzeitige Erkennung des Rehabilitationsbedarfs insbesondere durch die Bereitstellung und Vermittlung von geeigneten barrierefreien Informationsangeboten über

1. *Inhalte und Ziele von Leistungen zur Teilhabe,*
2. *die Möglichkeit der Leistungsausführung als Persönliches Budget,*
3. *das Verfahren zur Inanspruchnahme von Leistungen zur Teilhabe und*
4. *Angebote der Beratung, einschließlich der ergänzenden unabhängigen Teilhabeberatung nach § 32.*

Für den Träger der Eingliederungshilfe, der den Bedarf an Leistungen zur Teilhabe festzustellen hat, sind die Vorschriften zur Beratung und Unterstützung in § 106 SGB IX geregelt. Sie gehen weiter als die Vorschriften für die anderen Rehabilitationsträger. Schon in Absatz 1 wird vom Gesetzgeber die versprochene umfassende Einbeziehung der Betroffenen angesprochen: »Zur Erfüllung der Aufgaben dieses Teils werden die Leistungsberechtigten, auf ihren Wunsch auch im Beisein einer Person ihres Vertrauens, vom Träger der Eingliederungshilfe beraten und, soweit erforderlich, unterstützt. Die Beratung erfolgt in einer für den Leistungsberechtigten wahrnehmbaren Form.«

Die zentrale Frage, die der Rehabilitationsträger in dem Beratungsgespräch zu klären hat, ist die Frage, ob eine Behinderung vorliegt. Für den Träger der Eingliederungshilfe ist die Feststellung einer wesentlichen Behinderung Voraussetzung für das Erbringen von Assistenzleistungen.

Die Eingliederungshilfeverordnung und die Empfehlungen der Bundesarbeitsgemeinschaft überörtlicher Sozialhilfeträger machten in der Vergangenheit eine Vorgabe, bei welchen Abweichungen der seelischen Gesundheit von dem für das Lebensalter typischen Zustand für länger als sechs Monate eine wesentliche Behinderung vorliegt. Das entspricht jedoch nicht mehr dem neuen Behinderungsbegriff (s. S. 47 f.). Der öffentliche Gesundheitsdienst hatte diese Abweichung auf Grundlage der ärztlichen Diagnose festzustellen. Nach WELTI (2022) handelt es sich dann um eine Behinderung, wenn eine chronische (psychische) Erkrankung vorliegt oder droht, was gleichbedeutend mit Beeinträchtigungen der mentalen Funktionen ist. Die Wesentlichkeit der Behinderung entscheidet sich durch das Ausmaß der Teilhabebeeinträchtigung, die durch ein ausführliches Procedere mit der Internationalen Klassifikation der Funktionsfähigkeit, Behinderung und Gesundheit (ICF) bestimmt werden muss.

Der neue Behinderungsbegriff: von der Behinderung zur Teilhabeeinschränkung

Der Behinderungsbegriff wird von psychisch erkrankten Menschen als zusätzliche Stigmatisierung erlebt, ebenso wie der Begriff der chronischen psychischen Erkrankung. Dieser wurde vor allem für die Schizophrenie in den Diagnosemanualen festgeschrieben und mit der Vorstellung eines kognitiven Defekts verbunden, der eine Vulnerabilität für psychische Krisen bedingen soll (SÜLLWOLD & HUBER 1986). Lange wurde auch in der Sozialpsychiatrie angenommen, dass chronisch Schizophrene keinem Stress ausgesetzt werden und sich von schwierigen gesellschaftlichen Situationen fernhalten sollten. Zu diesen Vorstellungen passt das Vulnerabilitäts-Stress-Modell, wonach psychische Erkrankungen genetisch verursacht sind und durch Stressfaktoren ausgelöst werden. Dem stellte der amerikanische Psychologe Joseph Zubin die Vulnerabilitätshypothese gegenüber, bei der es um die Überwindung der chronischen Schizophrenie geht. Zubin geht von einer Disposition zu psychischer Erkrankung durch ein Wechselspiel von biologischen, psychischen und sozialen Faktoren aus. Die Vulnerabilitätshypothese betrachtet »den Patienten als prinzipiell gesunden, von Zeit zu Zeit Krankheitsepisoden erleidenden Menschen«, der im Gegensatz zum biologischen Modell »nicht eine chronische Krankheit, sondern eine andauernde Vulnerabilität für diese Krankheit« hat (ZUBIN 1986, S. 32).

Die Vulnerabilitätshypothese von Zubin passt zu dem Behinderungsbegriff der UN-BRK, der von dem durch das BTHG geänderten SGB IX übernommen wurde. Zur leistungsrechtlichen Abgrenzung wurde er jedoch um das zeitliche Kriterium ergänzt, das bereits im alten Behinderungsbegriff enthalten war:

> ***§ 2 SGB IX***
> ***Begriffsbestimmungen***
> *(1) Menschen mit Behinderungen sind Menschen, die körperliche, seelische, geistige oder Sinnes<u>beeinträchtigungen</u> haben [Hervorh. d. A.], die sie in Wechselwirkung mit einstellungs und umweltbedingten Barrieren an der gleichberechtigten Teilhabe in der Gesellschaft mit hoher Wahrscheinlichkeit länger als 6 Monate hindern können. Eine Beeinträchtigung nach Satz 1 liegt vor, wenn der Körper und Gesundheitszustand von dem für das Lebensalter typischen Zustand abweicht. Menschen sind von Behinderung bedroht, wenn eine Beeinträchtigung nach Satz 1 zu erwarten ist.*

Die entscheidende Veränderung gegenüber dem früheren Störungsmodell der Behinderung besteht darin, dass die Behinderung heute kein Persönlichkeitsmerkmal mehr ist. Die Behinderung erfolgt – wie die Behindertenselbsthilfe seit Langem postuliert – von außen. Das Persönlichkeitsmerkmal ist die Beeinträchtigung.

Menschen mit körperlichen und Sinnesbeeinträchtigungen haben es allerdings leichter als Menschen mit seelischen Beeinträchtigungen. Ihre Beeinträchtigung ist sichtbar. Bei Menschen mit seelischen Beeinträchtigungen müssen diese erst erschlossen werden – nicht über die Diagnose, sondern über die Funktionseinschränkungen oder – in der Sprache des SGB V – der Fähigkeitsstörungen (s. S. 51).

Die Abkehr von dem Begriff der Behinderung und die Einführung des Begriffs der Teilhabebeeinträchtigung sind für den Zugang zu Leistungen der Eingliederungshilfe nicht nur eine sprachliche Wende. Die Neudefinition der Behinderung als Wechselwirkung von krankheitsbedingten Funktionseinschränkungen und einstellungs- und umweltbedingten Barrieren hat Folgen für den Zugang zu den Leistungen der Eingliederungshilfe. Die Behinderung im Sinne der Teilhabeeinschränkung kann nicht mehr über die ärztlich ermittelte Diagnose mit den daraus resultierenden Funktionseinschränkungen ermittelt werden. Die fachärztliche und psychologische Expertise wird nun gebraucht für die Feststellung der seelischen Beeinträchtigungen, die in der ICF als mentale Beeinträchtigungen bezeichnet werden.

Für die Auswirkungen der Behinderung und die Ermittlung des Unterstützungsbedarfs ist die gesamte ICF erforderlich. Das gilt ganz besonders für den leistungsberechtigten Personenkreis nach §99 SGB IX, für den die Feststellung der wesentlichen Behinderung als Einschränkung an der gleichberechtigten Teilhabe in der Gesellschaft erforderlich ist.

Das Konzept der funktionalen Gesundheit: die ICF

Der neue Behinderungsbegriff orientiert sich an der ICF. In § 118 BTHG wird die ICF ausdrücklich als Orientierungsrahmen für Instrumente der Bedarfsermittlung genannt. Die mit einer Diagnose festgestellte psychische Erkrankung ist im SGB IX nicht mehr relevant für einen Anspruch auf Leistungen der Rehabilitation. Die Leistungen erhält, wer durch psychische Beeinträchtigungen sowie Prozesse der Stigmatisierung und Selbststigmatisierung an der gleichberechtigten Teilhabe gehindert wird.

Der Mensch mit Behinderung wird damit in seiner Subjekthaftigkeit wahrgenommen und nicht auf seine Beeinträchtigung reduziert. Sein Bedarf ergibt sich nicht aus der Erkrankung, sondern wird auf Grundlage seiner Fähigkeiten und Teilhabebeeinträchtigungen ermittelt. Grundlage ist das Konzept der funktionalen Gesundheit der ICF (Abb. 3).

ABBILDUNG 3 ***Das biopsychosoziale Modell der Gesundheit*** *(DIMDI 2005, S. 23)*

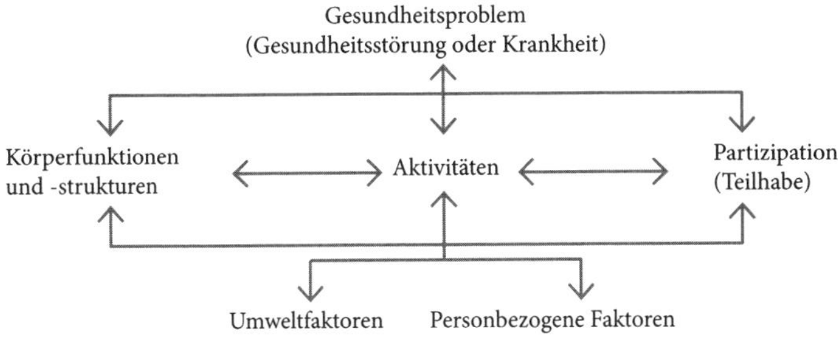

Die ICF wurde zwar als Klassifikationssystem von der WHO konzipiert, sie ist aber vor allem geeignet, eine Behinderung auf Grundlage des im SGB IX ab 01.01.2018 verwendeten Behinderungsbegriffs festzustellen. Entsprechend des biopsychosozialen Modells von Gesundheit ist dabei die Beeinträchtigung der Teilhabe am gesellschaftlichen Leben (Behinderung) über folgende vier Komponenten zu erheben:

- Körperfunktionen und -strukturen (WHO 2005, S. 39–154)
- Aktivitäten und Partizipation (Teilhabe; ebd., S. 155–217)
- Umweltfaktoren (ebd., S. 218–265)
- personbezogene Faktoren (nicht klassifiziert)

Körperfunktionen und -strukturen

Bei Menschen mit psychischen Erkrankungen ist bei der Komponente Körperfunktionen und -strukturen vor allem das Kapitel 1 der ICF »Mentale Funktionen« relevant (s. Abb. 4). Das Kapitel ist aufgeteilt in globale mentale Funktionen und spezifische mentale Funktionen. Mit der spezifischen Beschreibung der mentalen Funktionen können sowohl Stärken und Fähigkeiten einer Person als auch ihre Beeinträchtigungen differenziert erfasst werden. Die Beeinträchtigungen entsprechen den »seelischen Beeinträchtigungen«, die in § 2 SGB IX in Absatz 1 als Auslöser der seelischen Behinderung definiert werden. Die Stärken und Fähigkeiten geben die persönlichen Ressourcen wieder, die zur Bewältigung der Beeinträchtigungen benötigt werden.

ABBILDUNG 4 ***»Mentale Funktionen« der ICF***

Globale mentale Funktionen (b110 – b139)

- b110 Funktionen des Bewusstseins
- b114 Funktionen der Orientierung
- b117 Funktionen der Intelligenz
- b122 Globale psychosoziale Funktionen
- b126 Funktionen von Temperament und Persönlichkeit
- b130 Funktionen der psychischen Energie und des Antriebs
- b134 Funktionen des Schlafes
- b139 Globale mentale Funktionen, anders oder nicht näher bezeichnet

Spezifische mentale Funktionen (b140 – b189)

- b140 Funktionen der Aufmerksamkeit
- b144 Funktionen des Gedächtnisses
- b147 Psychomotorische Funktionen
- b152 Emotionale Funktionen
- b156 Funktionen der Wahrnehmung
- b160 Funktionen des Denkens
- b164 Höhere kognitive Funktionen
- b167 Kognitiv-sprachliche Funktionen
- b172 Das Rechnen betreffende Funktionen
- b176 Mentale Funktionen, die die Durchführung komplexer Bewegungshandlungen betreffen
- b180 Die Selbstwahrnehmung und die Zeitwahrnehmung betreffende Funktionen
- b189 Spezielle mentale Funktionen, anders oder nicht näher bezeichnet
- b198 Mentale Funktionen, anders bezeichnet
- b199 Mentale Funktionen, nicht näher bezeichnet

Aktivitäten und Partizipation (Teilhabe)

Die neun Kapitel der Komponente »Aktivitäten und Partizipation (Teilhabe)« der ICF werden in § 118 SGB IX als Lebensbereiche bezeichnet. Das ist irreführend, denn die meisten Kapitel beinhalten Fähigkeiten oder Handlungskompetenzen, die für verschiedene Lebensbereiche relevant sind.

Eine Aktivität bezeichnet nach der ICF die Durchführung einer Aufgabe oder Handlung durch eine Person, die Beeinträchtigung der Aktivität die Schwierigkeiten, die sie bei der Durchführung der Handlung haben kann. Partizipation (Teilhabe) wird als Einbezogensein in eine Lebenssituation definiert, die Beeinträchtigungen der Teilhabe als Probleme, die die Person beim Einbezogensein in eine Lebenssituation erlebt. Teilhabe wird damit als subjektive Komponente definiert. Der Hilfebedarf zur Teilhabe ergibt sich damit nur für die Aktivitäten, mit denen die leistungsberechtigte Person sich in ihrer Lebenssituation einbringen möchte.

ABBILDUNG 5 ***Die neun Kapitel der Komponente »Aktivitäten und Teilhabe« mit einigen Funktionen***

1. **Lernen und Wissensanwendung**
   d 115 Zuhören
   d 120 andere sinnliche Wahrnehmungen
   d 155 sich Fertigkeiten aneignen
   d 160 Aufmerksamkeit fokussieren
   d 163 Denken
   d 175 Probleme lösen
   d 177 Entscheidungen treffen
2. **Aufgaben und Anforderungen**
   d 210 Einzelaufgaben übernehmen
   d 220 Mehrfachaufgaben übernehmen
   d 230 tägliche Routine durchführen
   d 240 mit Stress und sonstigen psychischen Anforderungen umgehen
3. **Kommunikation**
   d 310 – d 329 Kommunizieren als Empfänger
   d 330 – d349 Kommunizieren als Sender

d 350 Konversation
d 355 Diskussion
d 360 Kommunikationsgeräte und -techniken benutzen

4. **Mobilität**
d 460 sich in verschiedenen Umgebungen fortbewegen
d 470 Transportmittel benutzen
d 475 Fahrzeuge fahren

5. **Selbstversorgung**
d 510 sich waschen
d 520 seine Körperteile pflegen
d 530 Toilette benutzen
d 540 sich kleiden
d 550 Essen
d 560 Trinken
d 570 auf seine Gesundheit achten

6. **Häusliches Leben**
d 610 Wohnraum beschaffen
d 620 Waren und Dienstleistungen des täglichen Bedarfs beschaffen
d 630 Mahlzeiten vorbereiten
d 640 Hausarbeiten erledigen
d 650 Haushaltsgegenstände pflegen
d 660 anderen helfen

7. **Interpersonelle Interaktionen und Beziehungen**
d 710 elementare interpersonelle Aktivitäten
d 720 komplexe interpersonelle Interaktion
d 730 mit Fremden umgehen
d 740 formelle Beziehungen
d 750 informelle Beziehungen

8. **Bedeutende Lebensbereiche**
d 810 informelle Bildung (z. B. handwerkliches Geschick)
d 825 theoretische Berufsausbildung
d 830 höhere Bildung und Ausbildung
d 840 Vorbereitung auf Erwerbstätigkeit
d 845 Arbeit erhalten, behalten und beenden
d 850 bezahlte Tätigkeit
d 855 unbezahlte Tätigkeit
d 860 elementare wirtschaftliche Transaktionen
d 865 komplexe wirtschaftliche Transaktionen
d 870 wirtschaftliche Eigenständigkeit

9. **Gemeinschaftliches, soziales und staatsbürgerliches Leben**
d 910 Gemeinschaftsleben (z. B. Feiern)
d 920 Erholung und Freizeit
d 930 Beteiligung an religiösen und spirituellen Aktivitäten
d 950 Politisches Leben und Staatsbürgerschaft

Umweltfaktoren

Die Umweltfaktoren wurden in der Vergangenheit kaum beachtet und fanden erst jetzt Eingang in einige Instrumente zur Bedarfsermittlung. In dem Modell der ICF spielen sie eine zentrale Rolle, da erst durch sie beurteilt werden kann, in welchem Ausmaß die Beeinträchtigungen der Körperfunktionen zu Teilhabebeeinträchtigungen führen.

Die Komponente »Umweltfaktoren« der ICF bildet »die materielle, soziale und einstellungsbezogene Umwelt [ab], in der Menschen leben und ihr Dasein erfüllen« (WHO 2005, S. 218). Die Umweltfaktoren können Barrieren oder Förderfaktoren sein und werden entsprechend klassifiziert. In der Bedarfsermittlung nach § 118 SGB IX werden sie nicht klassifiziert, es wird stattdessen die subjektive Bewertung der leistungsberechtigten Person erhoben. Die Erfassung der subjektiven Meinung ist wichtig, um festzustellen, ob eine Behinderung oder eine wesentliche Behinderung vorliegt und ob es Förderfaktoren gibt, die geeignet sind, Beeinträchtigungen der Aktivitäten und Teilhabe zu kompensieren.

ABBILDUNG 6 ***»Umweltfaktoren« der ICF mit ausgewählten Items***

Produkte und Technologien (e110–199)	**Natürliche und vom Menschen veränderte Umwelt (e210–299)**	**Unterstützung und Beziehungen (e310–399)**	**Einstellungen (e410–499)**	**Dienste, Systeme und Handlungsgrundsätze (e510–599)**
e115 Produkte und Technologien zum persönlichen Gebrauch im täglichen Leben	e210 Physikalische Geographie	e310 Engster Familienkreis	e410 Individuelle Einstellungen der Mitglieder des engsten Familienkreises	e525 Dienste, Systeme und Handlungsgrundsätze des Wohnungswesens
e120 Produkte und Technologien zur persönlichen Mobilität drinnen und draußen und zum Transport	e215 Bevölkerung	e315 Erweiterter Familienkreis	e415 Individuelle Einstellungen der Mitglieder des erweiterten Familienkreises	e535 Dienste, Systeme und Handlungsgrundsätze des Kommunikationswesens
	e220 Flora und Fauna	e320 Freunde		
	e225 Klima	Pflegepersonen		
	e230 Natürliche Ereignisse	e345 Fremde		
		e350 Domestizierte Tiere		

Produkte und Technologien (e110–199)	**Natürliche und vom Menschen veränderte Umwelt (e210–299)**	**Unterstützung und Beziehungen (e310–399)**	**Einstellungen (e410–499)**	**Dienste, Systeme und Handlungsgrundsätze (e510–599)**
e125 Produkte und Technologien zur Kommunikation	e235 Vom Menschen verursachte Ereignisse	e355 Fachleute der Gesundheitsberufe	e420 Individuelle Einstellungen von Freunden	e540 Dienste, Systeme und Handlungsgrundsätze des Transportwesens
e130 Produkte und Technologien für Bildung/Ausbildung	e240 Licht	e325 Bekannte, Seinesgleichen (Peers), Kollegen, Nachbarn und andere Gemeindemitglieder	e425 Individuelle Einstellungen von Bekannten, Seinesgleichen (Peers), Kollegen, Nachbarn und anderen Gemeindemitgliedern	e560 Dienste, Systeme und Handlungsgrundsätze des Medienwesens
e135 Produkte und Technologien für die Erwerbstätigkeit	e245 Zeitbezogene Veränderungen	e330 Autoritätspersonen	e430 Individuelle Einstellungen von Autoritätspersonen	e570 Dienste, Systeme und Handlungsgrundsätze der sozialen Sicherheit
e140 Produkte und Technologien für Kultur, Freizeit und Sport	e250 Laute und Geräusche	e335 Untergebene	e440 Individuelle Einstellungen von persönlichen Hilfs- und Pflegepersonen	e580 Dienste, Systeme und Handlungsgrundsätze des Gesundheitswesens
e145 Produkte und Technologien zur Ausübung von Religion und Spiritualität	e255 Schwingung	e340 Persönliche Hilfs- und Pflegepersonen	e445 Individuelle Einstellungen von Fremden	e585 Dienste, Systeme und Handlungsgrundsätze des Bildungs- und Ausbildungswesens
e160 Produkte und Technologien der Flächennutzung	e260 Luftqualität	e345 Fremde	e450 Individuelle Einstellungen von Fachleuten der Gesundheitsberufe	e590 Dienste, Systeme und Handlungsgrundsätze des Arbeits- und Beschäftigungswesens
e165 Vermögenswerte		e350 Domestizierte Tiere	e460 Gesellschaftliche Einstellungen	e595 Dienste, Systeme und Handlungsgrundsätze der Politik
		e355 Fachleute der Gesundheitsberufe	e465 Gesellschaftliche Normen, Konventionen und Weltanschauungen	

Personbezogene Faktoren

Die personbezogenen Faktoren bilden zusammen mit den Umweltfaktoren in der ICF die Kontextfaktoren.

»Personbezogene Faktoren sind der spezielle Hintergrund des Lebens und der Lebensführung eines Menschen und umfassen Gegebenheiten des Menschen, die nicht Teil ihres Gesundheitsproblems oder -zustands sind. Diese Faktoren können Geschlecht, ethnische Zugehörigkeit, Alter, andere Gesundheitsprobleme, Fitness, Lebensstil, Gewohnheiten, Erziehung, Bewältigungsstile, sozialer Hintergrund, Bildung und Ausbildung, Beruf sowie vergangene oder gegenwärtige Erfahrungen (vergangene oder gegenwärtige Erlebnisse), allgemeine Verhaltensmuster und Charakter, individuelles psychisches Leistungsvermögen und andere Merkmale umfassen, die in ihrer Gesamtheit oder einzeln bei Behinderung auf jeder Ebene eine Rolle spielen können. Personbezogene Faktoren sind nicht in der ICF klassifiziert. Sie sind jedoch in Abbildung 1 der ICF [= Abb. 3 in diesem Buch; Anm. d. A.] mitaufgenommen, um ihren Beitrag zu zeigen, der einen Einfluss auf die Ergebnisse der verschiedenen Interventionen haben kann.« (WHO 2005, S. 20)

Eine Gruppe von Rehabilitationswissenschaftlern hat einen Fragebogen entwickelt, mit dem die personbezogenen Faktoren systematisch erfasst werden können (Grotkamp u. a. 2020). Diese werden in fünf Kapiteln aufgelistet und definiert: allgemeine Merkmale der Person, physische Faktoren, mentale Faktoren, Einstellungen, Handlungskompetenzen und Gewohnheiten sowie Lebenslage.

Die allgemeinen Merkmale einer Person (Alter und Geschlecht) sowie physikalische Merkmale (Größe, Kraft usw.) sind einfach zu erheben. Einstellungen, Handlungskompetenzen und Gewohnheiten ergeben sich bei der Erfassung der Aktivitäten (Abb. 5, S. 52 f.), die Lebenslage aus der biografischen Rekonstruktion. Die mentalen Funktionen werden bei Menschen mit seelischer und geistiger Beeinträchtigung im Rahmen der Körperfunktionen (Abb. 4, S. 51) erhoben. Sie stellen bei Menschen mit seelischen Beeinträchtigungen in der Regel Barrieren für die Teilhabe dar.

Für Menschen mit psychischen Erkrankungen stehen Faktoren wie Einstellungen, Handlungskompetenzen und Gewohnheiten sowie die Lebenslage (Grotkamp u. a. 2020, S. 11) in engem Zusammenhang mit ihrem Gesundheitsproblem. Daher leistet die oberflächliche Auflistung der in fünf Kapiteln aufgelisteten Faktoren bei Personen mit seelischen Behinderungen keinen wesentlichen Beitrag zur Bedarfsermittlung. Die lebensgeschichtliche Rekonstruktion bietet hingegen eine gute Grundlage für die Beurteilung der Persönlichkeit unabhängig von dem Gesundheitsproblem (Hildenbrand 2018, Konrad & Dellmann 2022).

Bedarfsermittlung

Nach § 78 Absatz 2 Satz 1 SGB IX entscheiden die Leistungsberechtigten »auf der Grundlage des Teilhabeplans nach § 19 über die konkrete Gestaltung der Leistungen hinsichtlich Ablauf, Ort und Zeitpunkt der Inanspruchnahme«. Voraussetzung für die Erstellung des Teilhabeplans ist die Ermittlung des individuellen Bedarfs zur Umsetzung der Teilhabewünsche und -ziele der leistungsberechtigten Person.

Bei der Ermittlung des Bedarfs sind gegebenenfalls auch Anhaltspunkte einer Pflegebedürftigkeit zu berücksichtigen. Dann muss die zuständige Pflegekasse informiert werden und beratend teilnehmen. Anhaltspunkte für Pflegebedürftigkeit finden sich vor allem in den Kapiteln 4 »Mobilität« und 5 »Selbstversorgung« der ICF-Komponente »Aktivitäten und Partizipation (Teilhabe)«.

Die Bedarfsermittlung des Trägers der Eingliederungshilfe unterliegt über § 13 SGB IX hinaus besonderen Vorschriften, die in § 118 SGB

IX geregelt sind. Auch an dieser Stelle hat der Gesetzgeber die Tatsache genutzt, dass das SGB IX im Gegensatz zu den anderen Rehabilitationsleistungen das Leistungsgesetz der Eingliederungshilfe ist, und die Orientierung an der ICF verbindlich vorgeschrieben.

§ 118 SGB IX

Instrumente der Bedarfsermittlung

(1) Der Träger der Eingliederungshilfe hat die Leistungen nach den Kapiteln 3 bis 6 unter Berücksichtigung der Wünsche der Leistungsberechtigten festzustellen. Die Ermittlung des individuellen Bedarfes erfolgt durch ein Instrument, das sich an der Internationalen Klassifikation der Funktionsfähigkeit, Behinderung und Gesundheit (ICF) orientiert. Das Instrument hat die Beschreibung einer nicht nur vorübergehenden Beeinträchtigung der Aktivität und Teilhabe in den folgenden Lebensbereichen [s. auch Abb. 5, S. 52 f.; Anm. d. A.] vorzusehen:

1. *Lernen und Wissensanwendung,*
2. *Allgemeine Aufgaben und Anforderungen,*
3. *Kommunikation,*
4. *Mobilität,*
5. *Selbstversorgung,*
6. *häusliches Leben,*
7. *interpersonelle Interaktionen und Beziehungen,*
8. *bedeutende Lebensbereiche und*
9. *Gemeinschafts-, soziales und staatsbürgerliches Leben.*

(2) Die Landesregierungen werden ermächtigt, durch Rechtsverordnung das Nähere zur Bedarfsermittlung zu bestimmen.

Für die Bedarfsermittlung nach § 118 SGB IX werden in den Bundesländern unterschiedliche Instrumente genutzt. Einige Bundesländer haben sich auf die Komponente »Aktivitäten und Partizipation (Teilhabe)« beschränkt, obwohl für die Bedarfsermittlung alle Komponenten der ICF berücksichtigt werden sollten, da die Beeinträchtigung der Teilhabe erst durch die Wechselwirkung zwischen der Beeinträchtigung der mentalen Funktionen und den Kontextfaktoren zu ermitteln ist. Eine umfassende Bedarfsermittlung umfasst somit:

- die Beeinträchtigung der Körperfunktionen (WHO 2005, S. 39–154),
- die Ermittlung der Wünsche des Leistungsberechtigten zu Ziel und Art der Leistung gemäß § 117 Absatz 2 SGB IX,
- die Beeinträchtigungen der Aktivitäten und Partizipation (Teilhabe) (WHO 2005, S. 155–217),
- Umweltfaktoren (ebd., S. 218–265),
- personbezogene Faktoren (s. S. 56 f. in diesem Buch).

In Baden-Württemberg hat die Landesregierung zusammen mit den Trägern der Eingliederungshilfe, den Verbänden der Leistungserbringer und den Interessenvertretungen der Menschen mit Behinderung in einem Beteiligungsverfahren auf Grundlage eines Vorschlags der Firma transfer das Bedarfsermittlungsinstrument Baden-Württemberg (BEI_BW) erarbeitet (Abb. 7). Das BEI_BW entspricht im Wesentlichen den Vorschlägen der Deutschen Gesellschaft für Rehabilitation (DVfR 2017) und erfasst die oben genannten Punkte.

ABBILDUNG 7 ***Bedarfsermittlungsinstrument des Landes Baden-Württemberg (BEI_BW)***

Dialog zwischen Träger der Eingliederungshilfe und Mensch mit Behinderung zur Ermittlung von dessen Sichtweise

Beeinträchtigung der mentalen Funktionen	Lebensvorstellungen und Lebenssituation	Aktivitäten und Teilhabe in Bezug zu Kontextfaktoren	Bedarfe im Hinblick auf individuelle Ziele
Medizinisch-psychologischer Teil zur Erfassung der psychischen Beeinträchtigungen • Ärztliche und andere Unterlagen • Rehabilitations begründende Diagnose • Ermittlung der Körperfunktion nach ICF, bei psychisch erkrankten Menschen die mentalen Funk tionen mit besonderen Fähigkeiten und Schädigungen	**Wünsche und Lebensvorstellungen** • Wie und wo ich wohnen will • Arbeiten und Lernen • Beziehungen zu anderen • Freizeit **Ist-Situation** • Wie und wo ich jetzt wohne • Was ich arbeite oder lerne • Jetzige Beziehung zu anderen • Aktuelle Freizeitbetätigungen	**Fähigkeiten und Beeinträchtigungen** • Lernen und Wissensanwendung • Allgemeine Anforderungen • Kommunikation • Mobilität • Selbstversorgung • Häusliches Leben • Interpersonelle Interaktionen • Bedeutende Lebensbereiche • Gemeinschaft, soziales Leben • Beschreibung Umwelt- und personbezogene Faktoren	**Teilhabeziele für max. zwei Jahre festlegen und beschreiben (überprüfbar machen)** • Hilfen zur Über windung von Teilhabebeeinträchtigung benennen (Ermittlung des individuellen Bedarfs) • Übergabe an die Teilhabeplanung nach §19 SGB IX
Beschreibung der gesundheitlichen Situation	Teil 1 Dialog und Erhebungsbogen	Teil 2 Dialog- und Erhebungsbogen	Ergebnisbogen

Das Ergebnis der Bedarfsermittlung ist die Feststellung von ausreichenden, geeigneten und erforderlichen personellen Hilfen, die zur Erreichung der individuell festgelegten Teilhabeziele notwendig sind. Dabei sollen die personellen Hilfen und der Zeitpunkt der Leistungserbringung – z.B. während der Woche, am Wochenende, tagsüber oder nachts – nach Art und Umfang beschrieben werden.

Die erforderlichen Hilfen ergeben sich aus den Beeinträchtigungen der Aktivitäten und Partizipation (Teilhabe). Sie sind die Grundlage für den Teilhabeplan nach § 19 SGB IX.

Teilhabeplan als Gesamtplan

Der Teilhabeplan ist das Kernstück zur Koordinierung der Leistungen nach SGB IX für Personengruppen mit komplexem Teilhabebedarf. Bei Menschen mit wesentlicher seelischer Behinderung ist immer ein Teilhabeplan im Sinne des Gesamtplanverfahrens nach § 117 SGB IX zu erstellen, da neben Leistungen der Sozialen Teilhabe stets auch gesundheitliche Leistungen erforderlich sind.

Mit dem Teilhabeplan wird das Prinzip der Leistungen wie aus einer Hand realisiert. Der für die umfassende Feststellung des Rehabilitationsbedarfs verantwortliche Rehabilitationsträger holt die für den Teilhabeplan nach § 19 SGB IX erforderlichen Feststellungen weiterer Rehabilitationsträger ein. Falls er keine zeitnahe Rückmeldung erhält, stellt er den Rehabilitationsbedarf nach allen in Betracht kommenden Leistungsgesetzen umfassend fest.

Für die Abstimmung der Rehabilitationsträger ist die Teilhabeplankonferenz nach § 20 SGB IX unverzichtbar. Der verantwortliche Rehabilitationsträger kann die Teilhabeplankonferenz mit Zustimmung der leistungsberechtigten Person einberufen, um die Feststellungen der verschiedenen Rehabilitationsträger abzustimmen. An der Teilhabeplankonferenz nehmen Beteiligte nach § 12 des Zehnten

Buches – also Leistungserbringer, mit denen ein Versorgungsvertrag oder eine Leistungsvereinbarung besteht – sowie auf Wunsch der Leistungsberechtigten die Bevollmächtigten und Beistände nach § 13 SGB X sowie sonstige Vertrauenspersonen teil. Auf Wunsch oder mit Zustimmung der Leistungsberechtigten können auch Rehabilitationsdienste, Rehabilitationseinrichtungen und Jobcenter sowie sonstige beteiligte Leistungserbringer an der Teilhabeplankonferenz teilnehmen. Die Teilhabeplankonferenz ist als Instrument des Gemeindepsychiatrischen Verbundes geeignet.

Ist der Träger der Eingliederungshilfe der für die Durchführung des Teilhabeplans zuständige Rehabilitationsträger, gelten nach § 21 SGB IX für ihn die Vorschriften für die Gesamtplanung nach § 117 SGB IX ergänzend. Im Rahmen des Gesamtplanverfahrens ist u. a. die leistungsberechtigte Person an allen Schritten zu beteiligen und ihre Wünsche hinsichtlich Ziel und Art der Leistungen sind angemessen zu berücksichtigen.

Bei Leistungen der Eingliederungshilfe ist der Teilhabeplan der Gesamtplan und die Teilhabeplankonferenz die Gesamtplankonferenz. Bei der Teilhabeplanung geht es um die Zuordnung der erforderlichen personellen Hilfen. Ein Teil der Hilfen kann meist durch Angehörige, Freunde oder Nachbarinnen erbracht werden. Hilfen, bei denen das nicht der Fall ist, müssen den Assistenzleistungen zugeordnet werden. Die Leistungserbringer einer Region, mit denen eine Leistungsvereinbarung für Assistenzleistungen besteht, sind bei diesem Prozess unverzichtbar.

Eine passgenaue Leistungserbringung wird am besten über Fachleistungsstunden für Assistenzleistungen sichergestellt, die in der Leistungsvereinbarung zwischen den Leistungserbringern und dem Träger der Eingliederungshilfe vereinbart werden können. Die Zahl der Fachleistungsstunden wird für einen Zeitraum von maximal zwei Jahren vereinbart. Der Träger der Eingliederungshilfe erlässt auf Grundlage des Gesamtplanes nach § 121 SGB IX den Verwaltungsakt über die festgestellte Leistung. In einem Eilfall kann der Träger der Eingliederungshilfe Leistungen der Eingliederungshilfe schon vor Beginn der Gesamtplankonferenz vorläufig erbringen. Die Eilfallregelung ist für Menschen mit seelischen Beeinträchtigungen angesichts der immer kürzer werdenden Verweildauern in der klinischen Behandlung besonders wichtig.

Mit der Erstellung des Gesamtplans werden die festgestellten Leistungen durch den Träger der Eingliederungshilfe schriftlich hinterlegt. Die leistungsberechtigte Person bekommt damit ein »Ticket« für die Durchführung der festgestellten Leistungen. Sie kann sich nun einen oder mehrere Leistungserbringer aussuchen, die die Leistungen erbringen. Wurde eine Gesamtplankonferenz mit den Leistungserbringern in dem betreffenden Sozialraum durchgeführt, konnte hier bereits eine Vorklärung erfolgen.

Der Gesamtplan dient der Steuerung, Wirkungskontrolle und Dokumentation des Teilhabeprozesses und ist für die leistungsberechtigte Person ein wichtiges Dokument. Mit dem Gesamtplan weiß die leistungsberechtigte Person, welche Leistungen ihr zustehen. Es sind individuelle Leistungen, die nach Art, Inhalt, Umfang und Qualität auf sie zugeschnitten sind und die ein oder mehrere Dienstleister erbringen müssen. Die leistungsberechtigte Person steht dann vor der Herausforderung, geeignete Leistungserbringer zu finden und auszuwählen. Um die leistungsberechtigte Person mit ihrer Teilhabezielvereinbarung auf dem »freien Markt« der Angebote der Eingliederungshilfe zu unterstützen, hat der Gesetzgeber in Kapitel 8 Teil 2 SGB IX Vorgaben zum Vertragsrecht gemacht (§§ 123 ff. SGB IX).

Qualifizierte Assistenzleistungen darf der Träger der Eingliederungshilfe nur bei einem Leistungsträger bewilligen, der eine schriftliche Vereinbarung nach § 125 SGB IX abgeschlossen hat. Das bedeutet, dass qualifizierte Assistenzleistungen zur Befähigung des Leistungsberechtigten zu einer eigenständigen Alltagsbewältigung fachlich konzipiert und entsprechend anerkannt sein müssen. Die fachliche Konzeption muss dabei auf der Komponente »Aktivitäten und Partizipation (Teilhabe)« der ICF basieren, die in den Assistenzleistungen enthalten ist. Damit ist der gesamte Prozess von der Bedarfserkennung über die Bedarfsermittlung, die Teilhabeplanung und die Leistungserbringung mithilfe der ICF durchstrukturiert.

Eine wichtige Vorschrift ist die in § 123 Absatz 4 SGB IX geregelte Verpflichtung, bei Bestehen einer schriftlichen Vereinbarung »Leistungsberechtigte aufzunehmen und Leistungen der Eingliederungshilfe zu erbringen«. Die Aktion Psychisch Kranke und die Bundesarbeitsgemeinschaft Gemeindepsychiatrischer Verbünde (BAG GPV) haben die schriftliche Vereinbarung der gemeinsamen Versorgungsverpflichtung im Gemeindepsychiatrischen Verbund etabliert. Der Gesetzgeber geht einen Schritt weiter und formuliert eine individuelle Versorgungsverpflichtung.

Die Assistenzleistungen in Aktion

Die sechs in § 78 Absatz 1 SGB IX beschriebenen Assistenzleistungen machen auf den ersten Blick nicht viel her und müssen daher »angefüttert« werden. »Futter« ist durch die ICF ausreichend vorhanden. Die neun Kapitel der Komponente »Aktivitäten und Partizipation (Teilhabe)« umfasst 62 Seiten. In diesen neun Kapiteln (s. Abb. 5, S. 52 f.) werden alle Aktivitäten beschrieben, die für die gleichberechtigte Teilhabe am Leben in der Gesellschaft relevant sind. Dabei ist ein Großteil der Aktivitäten für Menschen mit seelischen Behinderungen irrelevant. Lesen, schreiben, rechnen lernen (d140–d150) ist für die meisten von ihnen irrelevant, ebenso wie der größte Teil der Aktivitäten in Kapitel 1 »Lernen und Wissensanwendung«. Es werden in diesem Kapitel jedoch auch Aktivitäten beschrieben, die Menschen mit Behinderungen aufgrund ihrer spezifischen Beeinträchtigungen nicht (mehr) anwenden können, z. B. »Aufmerksamkeit fokussieren« (d160) oder »Entscheidungen treffen« (d177).

Diese Aktivitäten sind aber möglicherweise nicht grundsätzlich beeinträchtigt, sondern nur in bestimmten Teilhabebereichen. Daher hat der Gesetzgeber spezifische Assistenzleistungen kreiert, die verschiedene Lebensbereiche abdecken: die Erledigung des Haushalts im weitesten Sinne, die Freizeitgestaltung einschließlich sportlicher Aktivitäten, kulturelles und gemeinschaftliches Leben und die Gesundheitssorge. Den Lebensbereich Arbeit hat er ausgelassen, da es hier unabhängig von der Behinderung um den Erwerb berufsspezifischer Fähigkeiten geht. Im Bereich Arbeit kommen aber Rehabilitationsleistungen zur Teilhabe am Arbeitsleben in Betracht.

Aufgabe der Leistungserbringer ist es, Leistungsvereinbarungen für Assistenzleistungen abzuschließen, die für den zu unterstützenden Personenkreis relevant sind. Besonders relevant für Menschen mit seelischen Beeinträchtigungen sind Assistenzleistungen zur persönlichen Lebensplanung und zur Gestaltung sozialer Beziehungen. Sie müssen in den verschiedensten Lebensbereichen erbracht werden.

An erster Stelle für Menschen mit psychischen Beeinträchtigungen steht die Assistenz zur persönlichen Lebensplanung. Die psychische Erkrankung hat den Lebensvollzug unterbrochen und die Lebensplanung über den Haufen geworfen. Ambulante und stationäre Behandlungen haben die Krankheitssymptome reduziert, aber nicht die Lebensperspektive verbessert. Die grundständige Assistenzleistung für leistungsberechtigte Personen mit seelischer Behinderung ist somit die Assistenz zur persönlichen Lebensplanung. Auf der Lebensplanung bauen im Einzelfall alle weiteren Leistungen auf.

In jedem Fall werden im Verlauf der Unterstützung auch Assistenzleistungen zur Gestaltung sozialer Beziehungen sowie Assistenzleistungen zur Gesundheitssorge benötigt. Interpersonelle Interaktionen und Beziehungen sind bei psychischen Erkrankungen immer beeinträchtigt und die Auseinandersetzung mit den gesundheitlichen Folgen der psychischen Erkrankung ist zwingend. Die drei anderen Assistenzleistungen können möglicherweise besser von Leistungserbringern angeboten werden, die auf diese Leistungen spezialisiert sind, z. B. ein hauswirtschaftlicher Leistungserbringer für die Assistenz zur Erledigung des Haushalts.

Die Assistenzleistungen zur Sozialen Teilhabe sollen leistungsberechtigten Personen eine möglichst selbstbestimmte und eigenverantwortliche Lebensführung im eigenen Wohnraum und im Sozialraum ermöglichen. Die Erbringung qualifizierter Assistenzleistungen benötigt daher eine institutionelle Einbindung, z. B. durch einen mobilen Teilhabedienst. Der mobile Teilhabedienst für Menschen mit wesentlicher seelischer Behinderung ersetzt die Leistungserbringer des ambulant Betreuten Wohnens, ist aber verpflichtet, die Assistenzleistungen zu erbringen, die der leistungsberechtigten Person nach ihrem individuellen Bedarf zugesprochen wurden. Bei der Erbringung muss er darauf achten, dass er die Leistungen nicht im Sinne der abstrakten Beschreibung der ICF-Kategorien erbringt, sondern entsprechend der spezifischen Beeinträchtigung der leistungsberechtigten Person. Aufmerksamkeit fokussieren bedeutet für eine Person mit einer schizophrenen Psychose etwas anderes als für einen Menschen mit einer körperlichen oder geistigen Beeinträchtigung.

Der mobile Teilhabedienst benötigt eine Leistungsvereinbarung für die drei oben genannten qualifizierten Assistenzleistungen – persönliche Lebensplanung, Gestaltung sozialer Beziehungen, Gesundheitssorge – und kann auch Leistungsvereinbarungen für die anderen Assistenzleistungen abschließen, die sowohl als qualifizierte als auch als einfache Assistenzleistungen erbracht werden können. Ein Leistungserbringer wie z. B. ein Fitnessstudio oder ein Sportverein können eine Leistungsvereinbarung nur für die Assistenzleistung zur Freizeitgestaltung einschließlich sportlicher Aktivitäten abschließen. Die Leistungserbringer müssen in jedem Fall ein Konzept für die Erbringung der jeweiligen Assistenzleistungen erstellen, in dem sie die Leistungserbringung auf Grundlage der ICF-Aktivitäten konkret beschreiben.

Dabei bietet sich an, sich auf den konkreten Tagesablauf zu konzentrieren und die Unterstützungsleistungen für Situationen zu planen, bei denen Probleme bestehen. Im Bereich des Haushalts ist ein sensibler Bereich der Kontakt zur Nachbarschaft. Nachbarinnen und Nachbarn können eine wichtige Quelle der Unterstützung sein. Viele helfen gerne, aber dazu muss man einen »Draht« zu ihnen bekommen. Die Assistenzperson sollte die Kontaktaufnahme und die Aufrechterhaltung des Kontakts unterstützen, aber natürlich auch bei Problemen vermitteln. Sie ist in dieser Funktion nicht Anwalt oder Anwältin der leistungsberechtigten Person, sondern übernimmt die Mediation und deren Befähigung zur Problemlösung.

Assistenzleistung zur persönlichen Lebensplanung

Mit der Assistenzleistung zur persönlichen Lebensplanung wird die Funktion einer koordinierenden Bezugsperson ermöglicht (s. Konrad & Rosemann 2016, S. 93 ff.), die von der Aktion Psychisch Kranke schon seit Einführung des Integrierten Behandlungs- und Rehabilitationsplans gefordert wird. Eine feste Bezugsperson, zu der eine Bindung aufgebaut werden kann, ist die Grundvoraussetzung für die Stärkung von Teilhabe und Selbstbestimmung. In dem um die Eingliederungshilfe erweiterten Rehabilitationsgesetz SGB IX kommt der koordinierenden Bezugsperson eine zentrale Funktion zu. Sie spielt für die Nutzung der verschiedenen Sozialleistungen in den verschiedenen Phasen des Rehabilitationsprozesses eine kaum zu überschätzende Rolle. In der Komponente »Aktivitäten und Partizipation (Teilhabe)« der ICF gibt es mehrere Anknüpfungspunkte für die koordinierende Bezugsperson, so in den zukunftsweisenden Kapiteln »Bedeutende Lebensbereiche« und »Gemeinschafts-, soziales und staatsbürgerliches Leben«. In den bedeutenden Lebensbereichen versteckt sich immerhin die zentrale Kategorie »Arbeit und Beschäftigung«. Darüber hinaus gibt es aber auch einen Bezug zu Kapitel 2 »Allgemeine Aufgaben und Anforderungen«. Darin findet sich – ebenfalls etwas überraschend – die für Menschen mit psychischen Beeinträchtigungen sehr relevante Kategorie »Mit Stress umgehen«. Alles Themen, mit denen die koordinierende Bezugsperson beschäftigt ist.

Lebens- und Teilhabeplanung

Bei der Bedarfsermittlung hat die leistungsberechtigte Person bereits Wünsche und Ziele für ihr Leben geäußert. Diese gilt es nun aufzugreifen und klare Festlegungen zum Erreichen der Ziele zu treffen. Besonders wichtig ist eine Absprache, in welcher Frequenz man sich trifft und welche Ebene der Lebens- und Teilhabeplanung angegangen wird. Die Erfahrung mit den Personen, die bisher Leistungen im ambulant Betreuten Wohnen mit Personalschlüssel 1:10 erhielten, hat gezeigt, dass eine wöchentliche intensive Besprechung ausreichend ist. Besonders hilfreich ist es für diese Personen, einen Kontakt in lockerer Atmosphäre zu haben. Die ernsthaften Gespräche in modern eingerichteten Büros scheinen wenig aufbauend. Julia TAMM (2020) hat die Bedeutung des Kaffeetrinkens für die Betreuungsatmosphäre hervorgehoben.

Personen aus dem stationär Betreuten Wohnen benötigen meist eine oder mehrere kurze tägliche Absprachen, um »in der Spur« zu bleiben. Dabei ist es nicht unbedingt notwendig, sich zu sehen, der telefonische Kontakt oder mittlerweile auch der Kontakt per SMS können ausreichen.

BEISPIEL Nach ihrem Auszug aus einer Wohngruppe aus dem Langzeitbereich in eine eigene Wohnung hat eine Bewohnerin im ersten halben Jahr jeden Abend ca. 15-mal der Rufbereitschaft kontaktiert. Sie war verunsichert, was »draußen« nachts alles passieren könnte. Die Anrufe dauerten in der Regel ein bis zwei Minuten, lösten nie einen Einsatz aus und hörten dann fast ganz auf.

Wichtig ist vor allem, sich an den Erfordernissen der konkreten Alltagsbewältigung zu orientieren und die Ziele so zu formulieren, dass sie innerhalb eines bestimmten Zeitrahmens erreichbar sind. Wenn eine leistungsberechtigte Person heiraten will, die aufgrund ihrer Antriebslosigkeit kaum aus dem Bett kommt und es nicht schafft, ihren Körper zu pflegen, wird zunächst ein Plan zur Selbstsorge verabredet werden müssen, bevor Pläne geschmiedet werden können, wie sie eine heiratswillige Person kennenlernen kann.

Aber auch realistische Wünsche sind nicht leicht zu erfüllen – insbesondere für Menschen mit einer erheblichen Teilhabebeeinträchtigung. Insbesondere der Übergang auf den allgemeinen Arbeitsmarkt ist eine große Herausforderung. Die Förderrichtlinien des Arbeitsmarktes sind derart kompliziert, dass sie auch Menschen ohne Behinderung kaum durchschauen. In diesem Fall wird die Lebensplanung Gespräche mit der leistungsberechtigten Person über realistische Perspektiven erfordern, aber auch die Organisation von Beratungsgesprächen mit entsprechenden Expertinnen und Experten.

Biografische Rekonstruktion

Das Wissen um die Lebens- und Familiengeschichte ist für die Lebensplanung von großer Bedeutung. In der Zeit vor der Durchsetzung der psychopharmakologischen Therapie wurde das sehr ernst genommen. Zwischenzeitlich ist die biografische Anamnese nahezu vollständig der Erhebung von Labor- und Gerätewerten gewichen. Dabei könnte z. B. die koordinierende Bezugsperson bei der biografischen Rekonstruktion die Methode der Genogrammanalyse (Hildenbrand 2018) anwenden. Sie hat sich besonders bei Menschen bewährt, denen die eigene Biografie fremd geworden ist. Die Familiengeschichte wird über drei Generationen zurückverfolgt und eröffnet dadurch den Zugang zu »Aufträgen« aus der Großelterngeneration, die den Familienmitgliedern bis dahin nicht zugänglich waren, das Verhalten aber massiv beeinflussen.

Umgang mit Stress

Der Mensch ist keine Maschine, die ihr Programm stringent durchziehen kann. Auch das gilt wieder nicht nur für Menschen mit seelischer und geistiger Behinderung, für diese aber besonders. Daher ist es eine zentrale Aufgabe der koordinierenden Bezugsperson, der leistungsberechtigten Person beizustehen, wenn ihre Lebenspläne durchkreuzt werden. Bei einem Teil der Personen sind auch die Stressgespräche planbar. Diese Menschen sind mit bestimmten Situationen konfrontiert, denen sie nicht ausweichen können und bei denen sie im Vorhinein wissen, dass sie »unter Druck« stehen werden, z. B. bei einem Vorstellungsgespräch. Sie benötigen im Vorfeld Unterstützung und im Anschluss Hilfen zum Stressabbau.

Häufiger sind die Situationen, in denen der Stress situativ auftaucht, etwa weil es eine Begegnung gab, die alte Wunden aufgerissen hat. Hier helfen oft ein Telefonat und ein kurzfristig anberaumter Termin, damit die betroffene Person »Dampf ablassen« kann. Dass Reden nicht immer das geeignete Mittel ist, berichtet eine Mitarbeiterin des Betreuten Wohnens: »Wenn es besonders stressig ist, fahren wir zusammen in ein Lebensmittel-Outlet-Geschäft, wo es Käse, Wurst und andere Produkte zu günstigen Preisen gibt. Dort kann sie sich dann mit leckeren Lebensmitteln belohnen. Das hilft manchmal mehr, als über den Stress zu reden.« (Becker & Schlutz 2019, S. 35) Dem kann hinzugefügt werden: Tun und dabei reden ist immer besser als nur reden.

Krisenplanung

Krisenplanung ist vielfältig und beginnt mit der Erbringung von Assistenzleistungen. Nach der individuellen Ermittlung kritischer Situationen sollte besprochen und nach Möglichkeit geübt werden, wie Krisensituationen bewältigt werden können. Bei Menschen mit schizophrenen Erkrankungen kann es hilfreich sein, sich bei Reizüberflutung zurückzuziehen und in eine reizarme Situation zu wechseln. Funktionieren können hier auch selbst gesetzte Signale wie ein laut gesprochenes »Stopp!«. Bei Menschen mit Persönlichkeitsstörungen könnten es innere Dialoge sein, mit denen die Emotionsregulierung gesteuert wird, oder der Notfallkoffer zur eigenen Behandlung von Selbstverletzungen. Bei Suchtkranken könnte es die Verabredung mit der koordinierenden Bezugsperson zur Begleitung in kritischen Situationen mit Kontrollverlustpotenzial sein, z. B. bei Personen mit Drogenmissbrauch die Begleitung zu einem Rockkonzert.

Grundlegend sind die Absprachen zur Krisenintervention. Die Möglichkeiten der Selbstbestimmung bei der Behandlung in psychischen Krisen sind enorm gestiegen. Viele Kliniken bieten zwischenzeitlich Behandlungsvereinbarungen an, in denen die Wünsche des Patienten beschrieben werden. Allerdings nehmen die wenigsten Patientinnen und Patienten dieses Angebot wahr, das eher auf einer sachlichen Ebene gemacht wird. Die koordinierende Bezugsperson hat die Chance, eine Behandlungsvereinbarung auf einer auf Vertrauen basierenden Beziehungsebene anzubieten. Und sie muss der betroffenen Person keine Vereinbarung vorlegen, sondern kann sie mit ihr in mehreren Gesprächen erarbeiten.

Wo es die Möglichkeiten der Behandlung zu Hause durch psychiatrische häusliche Krankenpflege gibt, agiert die koordinierende Bezugsperson im Krisenfall als Lotse im Auftrag der betroffenen Person. Immerhin muss die behandelnde Ärztin oder Psychotherapeutin die Leistung verordnen und einen Behandlungsplan erstellen. Wer könnte bessere Informationen zuliefern als die koordinierende Bezugsperson? Mit den neuen Richtlinien zur psychiatrischen häuslichen Krankenpflege, die zweistündige Hausbesuche täglich für einen Zeitraum von vier Monaten möglich machen, können psychische Krisen in der gewohnten Umgebung bewältigt werden. Gleichzeitig würde das Angebot der Bewältigung sozialer Krisen durch ein qualifiziertes Angebot zur Bewältigung psychischer Krisen ergänzt.

Die Assistenzleistung zur Gestaltung sozialer Beziehungen

Die Assistenzleistung zur Gestaltung sozialer Beziehungen speist sich vor allem aus Kapitel 7 der Komponente »Aktivitäten und Partizipation (Teilhabe)« der ICF (s. Abb. 8):

ABBILDUNG 8 *Interpersonelle Interaktionen in der ICF*

Allgemeine interpersonelle Interaktionen		**Besondere interpersonelle Beziehungen**				
d710 Elementare interpersonelle Aktivitäten	**d720 Komplexe interpersonelle Interaktionen**	**d730 Mit Fremden umgehen**	**d740 Formelle Beziehungen**	**d750 Informelle soziale Beziehungen**	**d760 Familienbeziehungen**	**d770 Intime Beziehungen**
d7100 Respekt und Wärme in Beziehungen	d7200 Beziehungen eingehen		d7400 Mit Autoritätspersonen umgehen	d7500 Informelle Beziehungen zu Freunden	d7600 Eltern-Kind-Beziehungen	d7700 Liebesbeziehungen
d7101 Anerkennung in Beziehungen	d7201 Beziehungen beenden		d7401 Mit Untergebenen umgehen	d7501 Informelle Beziehungen zu Nachbarn	d7601 Kind-Eltern-Beziehung	d7701 Eheliche Beziehungen
d7102 Toleranz in Beziehungen	d7202 Verhalten in Beziehungen regulieren		d7402 Mit Gleichrangigen umgehen	d7502 Informelle Beziehungen zu Bekannten	d7602 Beziehungen zu Geschwistern	d7702 Sexualbeziehungen
d7103 Kritik in Beziehungen	d7203 Sozialen Regeln gemäß interagieren			d7503 Informelle Beziehungen zu Mitbewohnern	d7603 Beziehungen zum erweiterten Familienkreis	
d7104 Soziale Zeichen in Beziehungen	d7204 Sozialen Abstand wahren			d7504 Informelle Beziehungen zu Seinesgleichen (Peers)		
d7105 Körperlicher Kontakt in Beziehungen						

Damit sind alle wesentlichen Qualitäten der interpersonellen Interaktionen in Beziehungen genannt. Die Assistenzleistung verbindet die behinderte Person mit ihren Wünschen und Zielen mit der näheren und ferneren Außenwelt.

Da ein selbstbestimmtes Selbst bei der Teilhabe am gesellschaftlichen Leben auf andere selbstbestimmte »Selbste« trifft, ist es notwendig, einen Ausgleich zu schaffen. Wie der Anstieg an verbalen Aggressionen in der alltäglichen Kommunikation, aber auch gegenüber Polizisten, Krankenhauspersonal und Mitarbeitenden von Behörden zeigt (Richter 2019), scheint dies immer schwieriger zu werden. Bei Menschen mit einer »beschädigten Identität« (Goffman 1967) ist die Assistenzleistung zur Gestaltung sozialer Beziehungen eine unabdingbare Voraussetzung für die Teilhabe am gesellschaftlichen Leben. Dabei ist zu beachten, dass die Probleme meist nicht durch die »bösen anderen« entstehen, sondern durch Minderwertigkeitsgefühle der leistungsberechtigten Personen. Eine Begleitung bei »kritischen« Situationen ist daher angebracht.

Die elementaren interpersonellen Aktivitäten bieten eine gute Grundlage, um die Interaktionen psychisch beeinträchtigter Personen zu reflektieren. Die wichtigsten Beziehungsbereiche werden näher beleuchtet.

Beziehungsgestaltung mit Menschen in der gemeinsamen Wohnung

Auch nach der Trennung existenzsichernder Leistungen von Fachleistungen wird ein nicht unbeträchtlicher Teil seelisch behinderter Menschen in Wohngemeinschaften mit anderen Betroffenen leben.

Das Zusammenleben von Personen im Sinne einer Zweckgemeinschaft ist immer schwierig, dafür braucht es keine seelische oder geistige Behinderung. Die Probleme des Zusammenlebens bestehen nicht darin, den Haushalt zu führen, sondern in der gemeinsamen Organisation. Das fängt bei unterschiedlichen Einrichtungsvorstellungen an und hört bei unterschiedlichen Schmutztoleranzen noch lange nicht auf; am schwierigsten wird es wie im richtigen Leben mit der Haushaltskasse.

Die gemeinsame Organisation des Haushalts ist aber nicht nur ein Problem, sondern ein gutes Lernfeld für die eigenständige Lebensbewältigung. In besonderen Wohnformen für Personen mit Unterbringungsbeschluss nach § 1906 BGB ist sie das zentrale therapeutische Element (Schäfer & Bachmaier 2022).

Bei der gemeinsamen Verantwortung des Haushalts bedarf es demnach in erster Linie der Assistenzleistung zur Gestaltung sozialer Beziehungen. Die Funktion der Assistenz kann in gewisser Weise mit einer Mediation verglichen werden. Am Anfang steht die Einigung auf einen gemeinsamen Stil der Haushaltsführung. Sinnvoll ist es, dass die Bewohnerinnen und Bewohner einer Wohnung eine schriftliche Vereinbarung schließen, in der sie die wichtigsten Regeln festlegen. In der wöchentlichen Haushaltsbesprechung kann dann mit der Assistenzperson über die Probleme gesprochen werden. Bei jedem Neueinzug muss die Vereinbarung neu ausgehandelt werden. Besonders wichtig ist bei diesem Vorgehen die Assistenz bei jungen Menschen mit Behinderung, da sie in der Regel noch nie einen eigenen Haushalt geführt haben.

Beziehungsgestaltung bei Paaren

Die Partnerbeziehung ist ein Grenzfeld der Assistenz zur Gestaltung sozialer Beziehung. Sie ist eine intime Beziehung, in die sich die Assistenzperson nicht einmischen sollte. Paare haben unterschiedliche Strategien, mit den Problemen des oder der anderen umzugehen und ihre Konflikte zu lösen. Bei Paaren, bei denen einer oder beide Partner psychisch beeinträchtigt sind, ist das nicht anders (s. Fessel 2021). Die Assistenzleistung kann bestenfalls die behinderte Person darin unterstützen, eine beziehungserhaltende Interaktion zu pflegen. Die Perspektive des anderen einzunehmen hilft, seine Perspektive zu verstehen und die eigene Kommunikationsweise entsprechend anzupassen.

Beziehungsgestaltung im Zusammenleben mit Angehörigen

Eine der wichtigsten Verbesserungen der Eingliederungshilfeleistungen ist die Möglichkeit, die Assistenzleistungen im Haushalt der Eltern zu erbringen. Dadurch können diese entlastet und eine Perspektive für den Auszug aus dem Elternhaus entwickelt werden.

Im Gegensatz zu der Paarbeziehung ist die Beziehung zu den Eltern durch eine strukturelle Abhängigkeitsbeziehung geprägt. Die psychische Erkrankung hat Erwartungen der Eltern enttäuscht, die Gestaltung des gemeinsamen Alltags wird dadurch nicht leichter. Es wird also vor allem darum gehen, die Beziehung zu entlasten und die eigenständige Alltagsbewältigung der leistungsberechtigten Person zu fördern. Eine gute Voraussetzung für das Gelingen ist die gemeinsame Erarbeitung der Familienbiografie und eines Genogramms (s. den Abschnitt zur biografischen Rekonstruktion, S. 70). Das Ziel wird jedoch in der Regel sein, mit der leistungsberechtigten Person die Perspektive einer eigenständigen Lebensführung zu entwickeln und sie dabei zu begleiten.

Interaktionen mit Nachbarinnen und Nachbarn

»In einem Wohngebäude ist der Fußboden der obersten Wohnung für die darunterliegende eine Decke und umgekehrt.« (Levi-Strauss 1987, S. 189). Sobald die Hilfen für Menschen mit Behinderungen nicht mehr in Einrichtungen stattfinden, sondern im »richtigen Leben«, ist die Koexistenz mit Nachbarn eines der zentralen Themen für die Assistenzleistung zur Gestaltung sozialer Beziehungen. Nachbarn können Freunde oder Feinde sein. Um den freundschaftlichen Charakter zu betonen, ist Fingerspitzengefühl erforderlich, über das die betroffenen Personen meistens nicht verfügen. Die Assistenzperson muss in der Lage sein, die betroffenen Personen mit ihren Rechten als Mitbewohnende eines Mietshauses zu stärken, ohne einseitig für sie Partei zu ergreifen.

Wichtig ist dabei, die Struktur der Nachbarschaften zu kennen, in denen die Klientel wohnt. Die Zusammensetzung hat sich in den meisten Regionen geändert, zwischenzeitlich sind viele Quartiere, in denen Menschen mit Behinderungen leben, multikulturell geprägt. Die Assistenzperson sollte zumindest eine vage Vorstellung über die Werte der Nachbarschaft haben, auch gewisse Kenntnisse im Mietrecht sind von Vorteil (Konrad & Rosemann 2016).

Interaktionen mit Arbeitskollegen und Vorgesetzten

Die Assistenzleistungen zur Sozialen Teilhabe sind nicht auf den Wohnbereich beschränkt. Darin liegt eine große Chance: Wenn die leistungsberechtigte Person am Arbeitsplatz nicht Probleme mit der Aufgabenstellung, sondern mit den Kolleginnen und Kollegen hat, greift auch hier die Assistenzleistung zur Gestaltung sozialer Beziehungen.

Da die Einkommens- und Vermögensgrenze für Leistungen der Eingliederungshilfe erheblich nach oben verschoben wurde, ist in Zukunft mit einer wesentlich größeren Zahl von leistungsberechtigten Personen zu rechnen, die im Arbeitsleben stehen. Die Herausforderung ist ähnlich wie bei den Nachbarn. Es gilt, das Vertrauen der Arbeitgeber bzw. der direkten Vorgesetzten zu gewinnen. Auf dieser Ebene hat man die beste Möglichkeit zu praktischer Anti-Stigma-Arbeit. Eine betroffene Person kann mit Unterstützung unter Beweis stellen, dass sie sich nicht so verhält, wie das einer depressiven Person unterstellt wird: Sie kann z. B. Entscheidungen treffen, weil sie mit der Assistenzperson mithilfe des Ratgebers von Tobias Teismann geübt hat, aus dem Grübeln herauszukommen (Teismann 2018).

Bei den Arbeitskolleginnen und -kollegen der betroffenen Person ist vor allem Aufklärungsarbeit nötig: Warum verhält sich eine autistische Person, die sehr erfolgreich programmiert, so arrogant und macht keinen Small Talk mit den Kolleginnen? Warum spricht ein an Schizophrenie erkrankter Mensch vor sich hin, obwohl er kein Headset auf dem Kopf hat? Die »Aufklärungsarbeit« wird natürlich gemeinsam mit der betroffenen Person geplant und gegebenenfalls auch durchgeführt.

Interaktionen mit eigenen Kindern

Die Unterstützung bei der Beziehungsgestaltung mit den eigenen Kindern dürfte die Assistenzleistung sein, die im Rahmen von § 78 Absatz 3 SGB IX bei Personen mit seelischer Behinderung am häufigsten gefordert ist. Die begleitete Elternschaft soll Mütter und Väter mit seelischer Behinderung durch pädagogische Anleitung, Beratung und Begleitung in ihrer Elternrolle stärken.

Ein heikles Unterfangen. Die pädagogische Anleitung gerät leicht zur besserwisserischen Bevormundung und sollte daher ausschließlich von erziehungserfahrenen Assistenzpersonen geleistet werden. Am erfolgreichsten wird der Ansatz des Austausches über Erziehungsmethoden sein. Methodisch sind auch in dieser Situation die elementaren interpersonellen Aktivitäten (d710) hilfreich, um die Ratschläge auf der spezifischen Ebene der Mütter und Väter anzusetzen.

In der Beratung können Hinweise auf Leistungen der Jugendhilfe erfolgen, falls diese für die Kinder erforderlich sind. Allerdings ist damit das Risiko verbunden, dass den Eltern mit seelischer Behinderung die Erziehungskompetenz abgesprochen wird, da das Jugendamt für den Kinderschutz verantwortlich ist.

Die Unterstützung von seelisch behinderten Müttern und ihrem Kind kann auch im Rahmen einer Gastfamilie erfolgen. Im Rahmen des Betreuten Wohnens in Familien wurden damit überraschend positive Erfahrungen gemacht (BACHMAIER 2012). Bestimmte Gastfamilien können offensichtlich die Unterstützung von Eltern und Kind wesentlich besser trennen als gemeinhin angenommen. Der begleitende Fachdienst kann sich dann auf die Interaktion zwischen Gastfamilie und Eltern konzentrieren. Zu den Besonderheiten der Erbringung von Assistenzleistungen im Betreuten Wohnen in Familien s. S. 96 ff.

Interaktionen mit dem erweiterten Umfeld

Der offene Dialog ist ein Angebot, in dem die Assistenzleistung zur Gestaltung sozialer Beziehungen mit einem Netzwerk des erweiterten Umfeldes (Familie, Nachbarinnen, Kollegen usw.) konzeptionell umgesetzt werden kann. Ursprünglich in Finnland für die häusliche Intervention bei der Erstmanifestation psychischer Symptome entwickelt (ADERHOLD u. a. 2003; SEIKKULA & ARNKIL 2022), kann das Konzept auch im Rahmen der Eingliederungshilfe bei Personen mit schon länger vorliegenden erheblichen Teilhabebeeinträchtigungen eingesetzt werden. Mit dem Angebot eines offenen Dialogs können Angehörige und das nähere Umfeld entlastet und der erkrankten Person kann eine Perspektive für die Teilhabe am gesellschaftlichen Leben eröffnet werden.

Der Fokus der Netzwerkgespräche liegt »primär auf der Förderung von Dialogen, in denen jeder gehört werden kann, damit neue psychologische Bedeutungen von Symptomen [und mentalen Beeinträchtigungen; Anm. d. A.] und die gemeinsame Erfahrung dieses Prozesses entstehen. (...) Durch diese Dialoge über Schwierigkeiten und Probleme entsteht die Erfahrung von Handlungsfähigkeit im eigenen Leben der Betroffenen« (GÜHNE u. a. 2019, S. 102). Der offene Dialog bietet sich besonders bei Beginn der Assistenz an, wenn Leistungen zur individuellen Lebensplanung gefragt sind.

Assistenzleistungen für die allgemeinen Erledigungen des Alltags wie die Haushaltsführung

Die Assistenz für allgemeine Erledigungen des Alltags wie die Haushaltsführung dürfte insbesondere bei Personen erforderlich sein, die in der Vergangenheit in einem Heim gelebt haben, in dem ihnen ein großer Teil der Haushaltsführung abgenommen wurde, oder bei Personen, die nie einen eigenen Haushalt geführt haben. Auch in diesem Punkt muss berücksichtigt werden, dass ein massiver gesellschaftlicher Wandel stattgefunden hat. Es gab noch nie so viele Single-Haushalte, gleichzeitig ist die Zahl der Wohngemeinschaften deutlich gestiegen und der Grad der Selbstverpflegung ist deutlich gesunken: Die meisten Menschen essen mittags in der Kantine ihrer Arbeitsstelle oder einem nahe gelegenen Lokal bzw. Imbiss, lassen sich abends von einem Lieferservice eine Pizza oder Ähnliches bringen oder holen sich ein Fertiggericht aus der Tiefkühltruhe.

Mahlzeiten selbst zuzubereiten, scheint ein Phänomen von Kochsendungen im Fernsehen geworden zu sein. Insofern verändert sich auch die gesellschaftliche Perspektive auf die Fragen der Alltagserledigungen. Selbst kochen ist keine Selbstverständlichkeit mehr. Aber ein Großteil der Menschen mit Behinderung hat mehr Zeit als Geld, erhält durch Einkaufen und Kochen eine Tagesstruktur und übt lebenspraktische Fähigkeiten. In der ICF werden die entsprechenden Aktivitäten in Kapitel 6 »Häusliches Leben« beschrieben.

Wohnraum beschaffen

Die Beschaffung von Wohnraum ist die zentrale Leistung im Rahmen der Assistenzleistungen für die allgemeinen Erledigungen des Alltags. In der Komponente »Aktivitäten und Partizipation (Teilhabe)« der ICF wird sie als erste Leistung des Kapitels 6 »Häusliches Leben« unter der Überschrift »Beschaffung von Lebensnotwendigkeiten (d610–d629)« aufgeführt. In dieser Leistung wird die Abkehr vom Betreuten Wohnen am deutlichsten. Während die Unterstützung im Rahmen des Betreuten Wohnens mit dem Einzug in die Wohnung begann, wird die Logik der Leistungserbringung durch die Assistenzleistungen zur Sozialen Teilhabe vom Kopf auf die Füße gestellt. Wenn die leistungsberechtigte Person in der Bedarfsermittlung im Rahmen des Gesamtplanverfahrens angegeben hat, dass sie wohnungslos ist und in einer eigenen Wohnung leben möchte, beginnt die Leistungserbringung mit der Wohnungssuche. Sie muss nicht mehr in ein Übergangsheim oder Wohnheim ziehen, um Leistungen zu erhalten. Damit bekommen auch wohnsitzlose Personen einen Zugang zu Leistungen der Eingliederungshilfe – vorausgesetzt sie sind bereit, einen Antrag zu stellen.

Die Suche nach Wohnraum kann viele Leistungen erfordern, die in den verschiedensten Kapiteln der ICF beschrieben werden: Verfassen von E-Mails an Makler und Wohnbaugesellschaften (d170), »Entscheidungen treffen« (d177), »Mit Stress und anderen psychischen Anforderungen umgehen« (d240). Der gesamte Bereich des Kapitels 3 »Kommunikation« kommt infrage, Item d730 »Mit Fremden umgehen« in dem Kapitel 7 »Interpersonelle Interaktionen und Beziehungen«, Item d489 »Sich mit Transportmitteln fortbewegen« im Kapitel 4 »Mobilität«. Zur Vorbereitung der Wohnraumbesichtigung wird schließlich das Kapitel 5 »Selbstversorgung« gebraucht, speziell die Items d510 »Sich waschen«, d520 »Seine Körperteile pflegen« und d540 »Sich kleiden«, entsprechend der Erkenntnis aus Gottfried Kellers Novelle »Kleider machen Leute« aus dem 19. Jahrhundert. Es ist in vielen Fällen auch sinnvoll, die Wohnraumbesichtigung mit einem Rollenspiel vorzubereiten.

Zubereitung von Mahlzeiten

Die Leistungsanbieter für Assistenzleistungen zur Haushaltsführung befinden sich auf der Gegenspur zum gesellschaftlichen Trend. Es werden zum Teil noch Kochtrainings angeboten, und wenn diese nicht fruchten, wird auf die vollständige Übernahme der Leistung zurückgegriffen. Dabei eignet sich die Assistenzleistung zur Haushaltsführung hervorragend für die Befähigung zur Selbstversorgung, und zwar in Form eines Gruppenangebots, dem sogenannten Poolen. Ein Anreiz besteht darin, dass derzeit die meisten Menschen, die Leistungen der Eingliederungshilfe erhalten, Sozialhilfeempfänger und -empfängerinnen sind, die es sich nicht leisten können, sich vernünftig von Fertiggerichten zu ernähren. Insbesondere bei jungen Menschen mit Behinderung kann das Angebot als wiederkehrendes »Event« in einer Wohngemeinschaft veranstaltet werden.

In der individuellen Auseinandersetzung mit dem Kochen können auch andere Aspekte trainiert werden. Da Kochen in vielen Aspekten eine Frage des Timings ist – Abstimmen der verschiedenen Abläufe aufeinander, damit am Ende alles gleichzeitig fertig ist, was fertig sein soll –, kann man mit Kochen auch kognitive Funktionen üben. Da viele junge Sozialarbeiter nicht mehr kochen können, sind Heilpädagoginnen und Hauswirtschaftslehrer geeignet.

Reinigung der Wohnung

Die Reinigung der Wohnung macht keinen Spaß! In studentischen Wohngemeinschaften ist die Wohnungsreinigung ein konfliktreiches Dauerthema. In WGs von Menschen mit Behinderung wäre dies nicht anders, wenn diese Tätigkeit nach langen Versuchen nicht von Mitarbeitenden oder von der WG selbst aus dem Wohngruppenbudget an professionelle Reinigungskräfte delegiert würde. Dabei könnten die Konflikte über die Sauberkeit der Wohnung von der Assistenzperson als Übung für die Lösung zwischenmenschlicher Konflikte genutzt werden. In Kapitel 3 »Kommunikation« der Komponente »Aktivitäten und Partizipation (Teilhabe)« der ICF gibt es das Item d3551 »Diskussion mit vielen Menschen«. Inhalt: »Mit mehr als einer Person eine Auseinandersetzung oder Debatte zu initiieren, aufrechtzuerhalten, zu gestalten und zu beenden«. Eine wichtige Fähigkeit in der Alltagsgestaltung, die geübt werden muss.

Eine weitere Anregung für die Problematik der Wohnungsreinigung und auch anderer unangenehmer Tätigkeiten im Haushalt kann der Komponente »Aktivitäten und Partizipation (Teilhabe)« der ICF entnommen werden. In Kapitel 6 findet sich die Kategorie d660 »Anderen helfen«, die wiederum in mehrere Unterkategorien aufgeteilt ist wie das Item d6600 »Anderen bei der Selbstversorgung helfen«. Hier haben die Konstrukteure der ICF eine Ressource entdeckt, die bei den bisherigen Hilfeangeboten sehr selten berücksichtigt wird. Die Kategorie grenzt sich explizit von dem Item d850 »Bezahlte Tätigkeit« ab und spricht das freiwillige Helfen an. Dies wiederum scheint nicht in das Bild von Menschen mit Behinderungen zu passen. Eine geistig oder seelisch behinderte Person benötigt Hilfe, aber kann sie auch Hilfe geben? Natürlich – und nicht nur im Rahmen der Selbsthilfe. So schreibt die Freundin einer Borderline-Patientin: »Dass ich sie trotzdem als meine Freundin bezeichne, liegt daran, dass es bei Elke sowohl das eine wie das andere Extrem gibt. Wenn es ihr gut geht, ist sie sehr fürsorglich« (Becker & Schlutz 2019, S. 36). Und wieder sind wir bei der Gestaltung sozialer Beziehungen.

Umgang mit Suchtmitteln

Der Umgang mit Suchtmitteln wird ein zunehmendes Problem bei der Assistenz von Menschen mit seelischen und geistigen Behinderungen. Auch dies ein Phänomen, das im gesellschaftlichen Trend liegt. Zunehmend setzt sich die Erkenntnis durch, dass es bei psychisch kranken Menschen nicht um eine Abhängigkeitserkrankung geht, sondern um den Versuch, mit der Erkrankung zurechtzukommen, dabei manchmal auch »sich die Welt schönzusaufen«, wie der Volksmund sagt. Diese ist bei der Erbringung der Assistenzleistungen zu berücksichtigen.

Die immer noch üblichen Alkoholverbote, die teilweise – unrechtmäßig – auch in Betreuten Wohngruppen ausgesprochen werden, sind ein hilfloser und unwirksamer Reflex auf die Problematik. Da die Befürchtung meist dahin geht, dass Mitbewohnende »angesteckt« werden, ist diese Problematik mit den anderen Mitgliedern der Wohngruppe zu besprechen und im Sinne von »Anderen helfen« (d660) gegenseitige Unterstützung zu vereinbaren.

Für die individuelle Assistenzleistung gilt die goldene Regel des Community Reinforcement Approach (CRA): Die einzige nachhaltige Strategie zur Suchtmittelreduktion ist die Suche nach Alternativen zum Suchtmittelgebrauch (Meyers & Smith 2017). Im Zentrum steht damit die Assistenzleistung zur individuellen Lebensplanung, die durch Kapitel 8 der Aktivitäten und Partizipation, »Bedeutende Lebensbereiche«, unterfüttert wird.

Einkauf notwendiger Dinge für den täglichen Gebrauch

Die bedeutende Assistenzleistung zur Haushaltsführung außerhalb der Wohnung ist der Einkauf von Lebensmitteln und anderen Dingen für den täglichen Gebrauch. In Wohnheimen wird dieses exzellente Lernfeld für die eigenständige Alltagsbewältigung häufig nicht genutzt, da es zeitaufwendig ist. Mit dem Einkauf werden jedoch viele Items der Komponente »Aktivitäten und Partizipation (Teilhabe)« der ICF berührt, sodass ein Teil der in der Bedarfsermittlung festgestellten Bedarfe damit abgedeckt werden kann. Es beginnt bei der Planung, die sinnvollerweise als Essensplanung für die Woche durchgeführt wird. Dabei werden die Items d177 »Entscheidungen treffen«, d2301 »Die tägliche Routine planen«, d2400 »Mit Verantwortung umgehen« abgedeckt, in Wohngemeinschaften noch zusätzlich die Kapitel 3 »Kommunikation« und Kapitel 7 »Interpersonelle Interaktionen und Beziehungen«.

Beim Einkauf selbst ist zunächst das Kapitel 4 »Mobilität« angesprochen, die Frage, wie die entsprechenden Geschäfte selbstständig erreicht werden können. Da die wenigsten Personen in der Eingliederungshilfe über ein Kfz verfügen, ist die erste Option das Fahrrad bzw. ein öffentliches Verkehrsmittel. Im Zuge der Gleichstellung zwischen den Behindertengruppen wäre zu prüfen, ob im Rahmen der »Hilfen zur Mobilität« nach § 114 in Verbindung mit § 83 SGB IX auch Elektrofahrräder bzw. Monatskarten für den öffentlichen Verkehr als Leistung des Trägers der Eingliederungshilfe in Anspruch genommen werden können. Insbesondere für leistungsberechtigte Personen mit massiven Sozialängsten ist das Fahrrad ein probates Vehikel für die gesellschaftliche Teilhabe, in öffentlichen Verkehrsmitteln ist diese Personengruppe meist auf personelle Begleitung angewiesen. Die beiden relevanten ICF-Kategorien sind d470 »Transportmittel benutzen« und d475 »Fahrzeuge fahren« (Abb. 4, S. 51).

In dem Einkaufszentrum angekommen, beginnt nun die eigentliche Assistenz. Hier sind viele elementare Aktivitäten gefordert, die in den Kapiteln 1 »Lernen und Wissensanwendung« und 2 »Allgemeine Aufgaben und Anforderungen« beschrieben sind, wie d166 »Lesen«, d172 »Rechnen«, d177 »Entscheidungen treffen« (welchen von den 17 Joghurts nehme ich?), d2400 »Mit Verantwortung umgehen«, d2401 »Mit Stress umgehen« (der Laden ist gerammelt voll und der bevorzugte Joghurt ist nicht zu finden), »Kommunizieren als Empfänger« (d310–d329) und »Kommunizieren als Sender« (d330–d349). Spätestens an der Kasse ist d730 »Mit Fremden umgehen« gefragt. Und natürlich ist d860 »Elementare wirtschaftliche Transaktionen« zu nutzen, wenn Geld zum Einkaufen von Lebensmitteln gebraucht wird.

Wie man sieht, ist das Einkaufen notwendiger Dinge für den täglichen Bedarf eine komplexe Angelegenheit für die Assistenzkraft, die insbesondere dann ihre volle Konzentration erfordert, wenn sie der Person die Anforderungen nicht abnimmt, sondern sie befähigen will, die Aufgaben selbst zu erledigen. »Nebenbei« können lockere und oft entlastende Gespräche geführt werden, die der Reflexion im Bereich der Gestaltung sozialer Beziehungen dienen. Man sieht: »Im richtigen Leben« können mehrere Bedarfe mit einer Leistung abgedeckt werden.

Haushaltsgegenstände pflegen

An dieser Stelle nur dies: Ein Team, das Assistenzleistungen erbringt, kann dazu beitragen, dass sich die leistungsberechtigten Personen gegenseitig helfen, sei es bei der Reparatur des Fahrrads oder bei der Pflege von Haushaltsgegenständen, Mobiliar oder Pflanzen. Meistens gibt es eine Person, die etwas gut kann oder gar in einer Ausbildung gelernt hat. Die Pflege kann als bezahlte Tätigkeit (d850) oder als unbezahlte Tätigkeit (d855) erfolgen. Entscheidend ist, dass diese Tätigkeiten von dem Assistenzleistungs-Team koordiniert werden.

Haustiere

Auch für diesen Bereich gibt es eine ICF-Kategorie: d6506 »Sich um Tiere kümmern«. In der stationären Einrichtung ein heißes Thema, da Fragen des verlässlichen Kümmerns und der Hygiene aufkommen, die von der Heimaufsicht ausgesprochen kritisch gesehen werden. Im ambulant Betreuten Wohnen sind Haustiere nur insofern ein Thema, als es in Mietverträgen Ausschlüsse für bestimmte Tiere geben kann. Dabei ist es eine Binsenweisheit, dass ein Haustier – insbesondere ein Hund oder eine Katze – stabilisierende Wirkung hat. Elke Kühling z. B. lässt sich mit ihrem Hund unter der Überschrift »Mein Hund ist mein kleiner Mann im Haus« porträtieren (BECKER & SCHLUTZ 2019, S. 30).

Bei seelisch behinderten Personen, die allein leben, kann ein Haustier auch wichtig sein, um in Kontakt mit anderen Menschen zu kommen. In Wohngemeinschaften kann die Unterstützung bei der Pflege des Haustiers eine gepoolte, den Zusammenhalt der Gruppe fördernde Leistung sein. Wichtig ist, dass sie keine Zusatzleistung, sondern eine reguläre Assistenzleistung ist.

Assistenzleistungen zur Teilhabe am kulturellen und gemeinschaftlichen Leben

Bei der Teilhabe am gemeinschaftlichen und kulturellen Leben stellt sich die Frage, wo dieses in der individualisierten Gesellschaft stattfindet. Jenseits der kulturkritischen Abgesänge auf die Vereinzelung des modernen Individuums kann festgestellt werden, dass eine Verlagerung von regelmäßigen Aktivitäten in Vereinen und Organisationen zu einem punktuellen Engagement bei interessengeleiteten Veranstaltungen stattgefunden hat. Die Mitgliedschaft in einer Partei hat ihre Bedeutung gegenüber gezielten politischen Aktionen wie den Freitagsdemonstrationen gegen den Klimawandel verloren. Die Nacht des offenen Museums, Jazz in Town oder Veranstaltungen wie der verkaufsoffene Sonntag, Flohmärkte oder sportliche Ereignisse sind die Veranstaltungen, bei denen man sich trifft. Identitätsstiftend scheint nicht mehr zu sein, einer festen Gruppe anzugehören, sondern Fan zu sein – sei es von einer Sportmannschaft oder von einem Pop- bzw. Filmstar.

Zum Aufsuchen der Veranstaltungen benötigen Menschen mit seelischer Behinderung in der Regel keine fachliche Unterstützung, sondern sollten sie gemeinsam mit anderen Menschen aufsuchen. Personen mit sozialen Ängsten oder Zwängen benötigen in diesen Situationen jedoch unbedingt eine assistierende Begleitung zur Gestaltung sozialer Beziehungen. Auch Personen mit Suchtproblemen benötigen in öffentlichen Situationen außerhalb von Suchtselbsthilfegruppen eine Zeitlang eine qualifizierte Assistenz zur Gestaltung sozialer Beziehungen, um sich von der Verführung zum Suchtmittelgebrauch abhalten zu lassen.

Auch bei Besuchen von Interessenvertretungen wie den regionalen und überregionalen Verbänden von Psychiatrieerfahrenen, Inklusionsbeiräten, Agendagruppen, Gemeinderäten usw. wird im Einzelfall die assistierende Begleitung zur Gestaltung sozialer Beziehungen in Anspruch genommen werden können. Nach dem Behindertengleichstellungsgesetz dürfen Menschen mit Behinderungen aus politischen Organen nicht ausgeschlossen werden und haben gegebenenfalls Anspruch auf Unterstützungsleistungen. Die elementaren interpersonellen Aktivitäten (d710) sind zur Leistungsbeschreibung hilfreich.

Auch das gemeinschaftliche Leben außerhalb der Familie hat sich gewandelt und ist häufig auf externe Organisation angewiesen. Zunehmend wird in Stadtteilen mit oft sehr heterogenen Einwohnergruppen ein Quartiersmanagement erforderlich. In dieser Hinsicht können sich gemeindepsychiatrische Leistungserbringer profilieren, indem sie zusammen mit ihrer Klientel gemeinschaftliche Angebote wie einen Quartierstreff, einen Singkreis, einen öffentlichen Garten oder interkulturelle Kochwettbewerbe anbieten. Die städtischen Wohnbaugesellschaften sind hier ein guter Partner, da sie die Notwendigkeit eines Quartiersmanagements zur Erhaltung des sozialen Zusammenhalts erkannt haben. Durch die sozialarbeiterische Kompetenz kann die Kommune auch einmal von einem gemeindepsychiatrischen Leistungserbringer profitieren. So wurde aus den Räumlichkeiten, die das Inklusive Kunstatelier in Ravensburg beherbergen (s. S. 89 f.), ein Kreativ-Zentrum für alle.

Für das gemeinschaftliche Leben kann auch die Kirche bedeutsam sein. Da religiöses und spirituelles Leben in der modernen Gesellschaft weitgehend individualisiert sind, ist mit der leistungsberechtigten Person ganz persönlich zu klären, ob ihre religiösen und spirituellen Überzeugungen eine Ressource sein können, um die Teilhabe am gesellschaftlichen Leben zu gestalten. Eine Assistenzleistung ist erforderlich, wenn sich ein Zwiespalt ergibt zwischen der Religionszugehörigkeit und dem persönlichen Glauben oder wenn es sich um einen Lebensbereich mit ungelösten Konflikten handelt. Manchmal kann die Assistenz auch darin bestehen, den Zugang und den Weg zu entsprechenden Glaubensgemeinschaften zu bahnen.

Assistenzleistungen zur Freizeitgestaltung einschließlich sportlicher Aktivitäten

Die Assistenzleistungen zur Freizeitgestaltung wurden explizit von den Leistungen am kulturellen und gemeinschaftlichen Leben abgegrenzt. Sowohl in der Gestaltung der freien Zeit, die bei einem beträchtlichen Teil der Menschen mit seelischer Behinderung ohne jegliche Beschäftigung relativ groß ist, als auch bei sportlicher Betätigung, muss die Förderung an unterschiedlichen Niveaus ansetzen.

Es verbietet sich die derzeitige Praxis der einheitlichen Angebote in Einrichtungen, vielmehr sollten entsprechend Artikel 19c der UN-BRK möglichst die bestehenden Angebote in der Gemeinde genutzt werden. Dabei ist dann aber erforderlich, dass die Assistenzperson den Integrationsprozess begleitet und gegebenenfalls bei der Gestaltung der sozialen Beziehungen unterstützt.

Künstlerische Angebote

Seelisch und geistig behinderte Menschen scheinen überdurchschnittlich künstlerisch kreativ zu sein. Einer der ersten, der dies entdeckt hat, war Hans Prinzhorn, der am Anfang des 20. Jahrhunderts 5.000 Bilder aus psychiatrischen Anstalten gesammelt, gesichtet und gruppiert hat (Prinzhorn 1922). Nach dem Zweiten Weltkrieg wurden in den deutschsprachigen Ländern kunsttherapeutische Angebote auf Grundlage psychoanalytischer Theorien aufgebaut, d. h., die Deutung der Bilder nahm eine zentrale Rolle im Behandlungsprozess ein.
Künstlerische Angebote im Rahmen der Assistenzleistung zur Freizeitgestaltung sind von kunsttherapeutischen Angeboten abzugren-

zen. Sie sollten daher auch nicht in einer (Tages-)Klinik angesiedelt sein, sondern am besten in Kooperation mit einer Volkshochschule, einer Kunstschule oder einem Kunstmuseum entstehen. Es geht nicht um ein Therapieangebot, sondern um die Teilhabe am gesellschaftlichen Leben. Die Assistenzperson übernimmt vor allem organisatorische Aufgaben und erbringt bei Bedarf Leistungen zur Gestaltung sozialer Beziehungen. Durch die therapeutische Zurückhaltung wird der gegenseitige Austausch gefördert und es werden Recoveryprozesse in Gang gesetzt. Die Kunstschaffenden beraten sich gegenseitig, stärken dadurch ihre Identität als Kunstschaffende und entkommen so der Patientenrolle.

BEISPIEL In Ravensburg gelang es, ein inklusives Kunstatelier aufzubauen in Kooperation mit dem neu eröffneten Kunstmuseum. Auf Vorschlag der Museumsdirektorin wurde ein inklusiver Malwettbewerb ausgerichtet; die dabei entstandenen Bilder wurden anschließend in den Räumen des Kunstmuseums ausgestellt. Der Effekt des sehr erfolgreichen Malwettbewerbs war der Start einer inklusiven Künstlergruppe, der wiederum in Kooperation mit der Schule für Gestaltung der Aufbau des »Inklusiven Ateliers« in deren Räumlichkeiten gelang. Seither gibt es spezifische Angebote für Nutzerinnen und Nutzer der Eingliederungshilfe und offene Angebote für Menschen mit und ohne Behinderung. Der Malwettbewerb wird weiterhin einmal im Jahr durchgeführt. Das Atelier beteiligt sich an der jährlichen Kunstnacht und es gibt eine jährliche Ausstellung einzelner Werke in dem führenden Ravensburger Modehaus. Einzelnen Künstlerinnen und Künstlern gelingt es, ihre Bilder zu verkaufen und dadurch einen Zuverdienst zu generieren.

Für alle kulturellen Angebote gilt, dass solche in der Gemeinde vorzuziehen sind. Der Nachwuchs bei Chören lässt zu wünschen übrig, neue Mitglieder sind willkommen, sofern sie singen können. Handarbeits-

und Handwerkskurse werden von Volkshochschulen angeboten, ebenso wie Yoga oder Meditation. Teilweise gibt es auch Gruppen mit besonderen Interessen wie Modelleisenbahnbau, die ebenfalls nicht von Interessierten überrannt werden und deshalb neuen Teilnehmerinnen und Teilnehmern gegenüber aufgeschlossen sind.

Sportliche Angebote

Bei sportlichen Angeboten ist es etwas anders. Vereine sind in der Regel nur bereit, eine behinderte Person aufzunehmen, die eine entsprechende Leistung erbringt. Auf diesem Weg hat es ein ehemaliger forensischer Patient in Oberschwaben geschafft, in einen Tischtennisklub aufgenommen zu werden.

Leichter ist es im Freizeitsport. In den meisten Nordic-Walking-Gruppen dürften Menschen mit seelischen Beeinträchtigungen mithalten können und Schwimmbäder sind für jede Person, die schwimmen kann, offen. In Fitnessstudios wiederum gibt es entsprechende Anleitung. Ein Fitnessstudio könnte die Assistenzleistung für Menschen mit Behinderung anbieten und diese gezielt fördern. Für Leistungssport ist grundsätzlich eine Trainingsperson als Assistenzleistung denkbar. Es ist nicht auszuschließen, dass bei entsprechender Förderung sportliche Erfolge wie bei Menschen mit Körper- und Sinnesbehinderungen möglich sind.

Grundsätzlich ist bei allen Aktivitäten zur Freizeitbetätigung in der Bedarfsermittlung abzuklären, ob und welche Form der Assistenzleistung erforderlich ist. Ein nicht unbeträchtlicher Teil wird nur zu Beginn der Aktivität eine Begleitung benötigen und diese oft in Gruppen. Gleichwohl kann insbesondere bei Personen mit starken Ängsten oder ausgeprägter emotionaler Instabilität eine mittel- bis langfristige Einzelbegleitung erforderlich sein. Dann steht in der Regel eine qualifizierte Assistenzleistung zur Gestaltung sozialer Beziehungen im Vordergrund.

Assistenzleistungen zur Gesundheitsförderung

Diese Assistenzleistung zur Sicherstellung der ärztlichen und ärztlich verordneten Leistungen scheint zunächst im Widerspruch zu Leistungen der Krankenversicherung zu stehen, da sich ihr Wortlaut recht stark an den § 37 SGB V zur Verordnung häuslicher Krankenpflege anlehnt. Sie ist jedoch keine Leistung der Krankenhilfe, mit der die ärztlichen Anordnungen befolgt werden, sondern eine Leistung zur Teilhabe am Leben in der Gesellschaft, mit der die Auseinandersetzung mit der (psychischen) Gesundheit gefördert wird. Sie ist daher als Gesundheitsförderung zu fassen, die mit sozialen und pädagogischen Hilfeleistungen eine gesundheitsfördernde Lebensweise unterstützt.

Umgang mit der Medikation

Eine unverzichtbare Leistung für Menschen mit seelischer Behinderung ist die Unterstützung beim Umgang mit der ärztlichen Behandlung im Besonderen und der medikamentösen Therapie im Speziellen. Nur in den allerwenigsten Fällen kann auf eine phasenhafte medikamentöse Therapie vollkommen verzichtet werden – hier unterscheidet sich die psychische Erkrankung nicht von somatischen Erkrankungen.

Die medikamentöse Therapie sollte sich jedoch auf die Behandlung der akuten Symptome beschränken und daher auch wieder reduziert oder abgesetzt werden können. Das ist ein hochkomplexer Prozess, der fachlicher Unterstützung bedarf (Schlimme & Scholz 2022).

Dabei geht es nicht um die Einhaltung der ärztlichen Vorgaben; Compliance war gestern und Adhärenz im Sinne der Therapietreue ist auch nicht gemeint. Es geht vielmehr darum, gemeinsam mit der leistungsberechtigten Person einen Weg zu finden, die medikamentöse Verordnung des Arztes zu beeinflussen und das richtige Maß der Medikation für stressbedingte Situationen im

Sinne einer gesundheitsfördernden Selbstbestimmung zu finden. Dazu wird es zum Teil erforderlich sein, die leistungsberechtigte Person zu fachärztlichen Terminen zu begleiten.

Krisenbegleitung

Die wichtige Funktion der Krisenbegleitung wurde bereits bei der Darstellung der mobilen Rufbereitschaft deutlich (s. S. 40 f.). Die Krisenbegleitung kann am besten von der koordinierenden Bezugsperson erbracht werden. Die Notwendigkeit der anwaltschaftlichen Begleitung beschränkt sich nicht auf die Psychiatrie, sondern ist vor allem auch im somatischen Bereich erforderlich. Natürlich ist Voraussetzung, dass eine Vertretungsvollmacht der leistungsberechtigten Person vorliegt. Dazu bedarf es der Vorbereitung in Zeiten, die nicht von einer akuten Krise geprägt sind. Wie in der Bedarfsplanung müssen der erwartbare Ablauf und die Reaktion bei psychischen Krisen ausführlich vorbesprochen und muss die gewünschte Behandlung schriftlich hinterlegt werden. Insofern beginnt die Krisenbegleitung mit der Krisenprävention.

Es ist erforderlich, dass die Assistenzperson mit der leistungsberechtigten Person und der behandelnden Fachärztin eine Strategie für eine konkrete krisenhafte Situation plant. Im Krisenfall kann auf den Krisenplan zurückgegriffen werden, auch wenn die Person dann vielleicht einer rationalen Argumentation nicht mehr zugänglich ist.

Gesundheitsfürsorge

Ein klassisches Beispiel ist die Regulierung des Gewichts. Die meisten Menschen tun sich damit schwer, weil eine Disziplin erforderlich ist, die im Alltagsvollzug der arbeitsteiligen Gesellschaft schwer einzuhalten ist. Personen, die Neuroleptika einnehmen, tun sich besonders schwer damit, weil die Medikamente den Appetit steigern und die Antriebsenergie mindern.

Die Medizin hat hier eine klare Anweisung für den Patienten und die Patientin: »Sie müssen abnehmen.« Was so einfach gesagt ist, ist in der Realität jedoch ein komplizierter Vorgang im Spannungsfeld von Ernährungs- und Bewegungsregulation. Die Assistenzperson muss daher zur Sicherstellung der ärztlichen Anweisungen einen dezidierten Plan mit der betroffenen Person aufstellen und sie motivierend begleiten.

Die leistungsberechtigte Person kann auch Beratung zu gesunder Ernährung oder Angebote zur regelmäßigen Durchführung von gymnastischen Übungen in Anspruch nehmen (DVfR 2021). Auch sind die medizinischen Leistungen einschließlich der Hilfeleistungen wie Physiotherapie und Ergotherapie derart komplex geworden, dass es bereits Personen ohne Behinderung schwerfällt, ärztlichen Empfehlungen zu folgen. Die Assistenzperson wird hier also oft als Casemanager, als koordinierende Bezugsperson gebraucht.

Sonderformen der Assistenzleistungen

Der universelle Charakter der Eingliederungshilfe wird nicht nur durch ihre Vielfalt deutlich, sondern auch dadurch, dass sie fast überall erbracht werden kann, in der eigenen Wohnung, in der Wohngemeinschaft (s. S. 74 f.), am Arbeitsplatz (s. S. 77 f.), aber eben auch in besonderen Wohnformen, in Gastfamilien und auch in Therapeutischen Wohngemeinschaften für junge Erwachsene, die nach dem Erreichen der Altersgrenze von 18 Jahren nicht wissen, wohin. Auch für diese Sonderformen bieten die Assistenzleistungen neue Ansatzpunkte für die Unterstützung von Menschen mit seelischen Beeinträchtigungen.

Unterstützung in besonderen Wohnformen

Die Leistungserbringung in einer besonderen Wohnform ist nur dann erforderlich, wenn ein Unterbringungsbeschluss nach § 1906 BGB vorliegt. Besondere Wohnformen wurden in der Vergangenheit für die

Personengruppe der sogenannten Systemsprenger vorgehalten. Ihnen wurde das Etikett der herausfordernden Verhaltensweisen angehängt – eine zweite Stigmatisierung, aus der endgültig kein Entkommen mehr möglich ist. GIERTZ u. a. (2020) haben hervorgehoben, dass gerade diese Personengruppe offene und flexible Lösungen benötigt. Dass es auch anders geht, zeigt das bereits mehrfach erwähnte Buch von BECKER und SCHLUTZ (2019), in dem dargestellt ist, wie Menschen mit herausfordernden Verhaltensweisen auf einer teilweise langen Odyssee eine für sie passende Wohn- und Betreuungsform gefunden haben, in der sie ein einigermaßen selbstbestimmtes Leben führen können. Das Prinzip von Recovery wurde nie aufgegeben: Die Hoffnung trägt.

Das BTHG hat die Voraussetzungen dafür geschaffen, dass bei Leistungen der Rehabilitation und Teilhabe in Zukunft auf entsprechende Etikettierungen verzichtet werden kann. Die individuelle Erbringung der erforderlichen Assistenzleistungen einschließlich der Krisenbegleitung durch die ständige Erreichbarkeit einer Ansprechperson ermöglicht die Leistungserbringung auch in selbstbestimmten Wohnformen. Für psychisch kranke Menschen hat sich manchmal das Wohnen zu zweit bewährt, insbesondere wenn sich die beiden Personen selbst finden.

BEISPIEL Bei zwei Frauen mit Borderline-Persönlichkeitsstörung, Missbrauchserfahrung und mehreren ernsthaften Suizidversuchen trauten sich die Ärzte der psychiatrischen Klinik lange Zeit nicht, die eine Patientin nach einem schweren Suizidversuch zu entlassen, obwohl die andere Patientin angeboten hatte, die Wohnung mit ihr zu teilen. Nach einer Sitzung der Ethikkommission wurde einer Probeentlassung zugestimmt, vorausgesetzt beide Frauen konnten Tag und Nacht auf professionelle Hilfe zurückgreifen. Tatsächlich lebten sie über zehn Jahre zusammen und passten aufeinander auf. Mehrere Male initiierten die Frauen gegenseitig eine Krisenintervention und eine Einweisung in die Klinik. Eine wichtige Voraussetzung für das Gelingen war, dass das betreuende Team die gegenseitige Hilfe der beiden Frauen nicht störte und auf deren Zuverlässigkeit vertraute. Ein wesentliches Element der Assistenzleistung war aufmerksame Zurückhaltung.

Für die Unterbringung von Menschen mit seelischer Behinderung sollte eine Leistungsvereinbarung einer besonderen Wohnform abgeschlossen werden, mit der auf die besonderen Bedürfnisse dieses Personenkreises eingegangen werden kann. Das zu bewältigende Paradox ist die Stärkung der Teilhabe am Leben in der Gesellschaft bei geschlossener Tür.

BEISPIEL Im geschlossenen Wohnheim des Rudolf-Sophien-Stifts in Heidenheim erhalten die Bewohnerinnen und Bewohner Unterstützungsleistungen wie in einem offenen Wohnangebot, das Ziel ist der Umzug in eine selbstbestimmte Wohnform. Die Eingangstür ist offen, das Büro des Teams befindet sich neben der Tür. Wenn ein Bewohner, der keinen Ausgang hat, das Wohnheim verlassen möchte, wird er zurückgehalten und es wird mit ihm über die Zurückhaltung diskutiert. Wenn er trotzdem geht, wird die Polizei informiert, die den Bewohner zurückbringt.

Der therapeutische Effekt dieser Intervention liegt in der Wahrung der Selbstbestimmung und in der Auseinandersetzung über die Grenzüberschreitung. Mit einer Leistungsvereinbarung mit einem kleinen Basismodul und Assistenzleistungen zur Sozialen Teilhabe, die entsprechend dem individuellen Bedarf erbracht werden, kann so das Prinzip der personenzentrierten Leistungserbringung eingelöst werden.

Betreutes Wohnen in Gastfamilien

Betreutes Wohnen in Familien ist eine Wohn- und Unterstützungsform, die sich der Logik des deutschen Sozialrechts entzieht. Die Gastfamilie erbringt anstelle der Herkunftsfamilie verschiedene Versorgungs- und Unterstützungsleistungen für Menschen mit wesentlicher Behinderung. Leistungsrechtlich entsprechen diese Leistungen den einfachen Assistenzleistungen, da eine pädagogische oder pflegerische Qualifikation kein Qualitätskriterium für die Auswahl der Gastfamilie darstellt. Der im Bereich des Landschaftsverbands Rheinland eingeführte Begriff »Leben in Gastfamilien« (LiGa) entspricht daher dem Integrationsprozess in der Gastfamilie besser als der Begriff »Betreutes Wohnen in Familien«. Die fachliche Unterstützung in Form von qualifizierten Assistenzleistungen erfolgt durch den begleitenden Fachdienst.

Die Unterstützungsleistungen der Gastfamilie können am besten durch ein Basismodul gedeckt werden, das auf der Grundlage der bisherigen Erfahrungen des Betreuten Wohnens in Familien geschaffen werden kann. Im Hinblick auf die unterschiedliche emotionale Beanspruchung der Gastfamilien ist eine Stufung des Basismoduls sinnvoll, die über den Grad der Beeinträchtigung der mentalen Funktionen (BEI_BW, Bogen B) erreicht wird. Die Erfahrungen des Betreuten Wohnens in Familien mit der Integration von Personen mit emotional instabilen Persönlichkeitsstörungen vom Borderline-Typ haben gezeigt, dass die Belastung der Gastfamilien sehr hoch ist, ihr Angebot für diese Klientel jedoch eine Chance der Weiterentwicklung beinhaltet (Matt & Röscheisen 2012).

Auch für den begleitenden Fachdienst wächst bei Personen mit schweren mentalen Beeinträchtigungen der Bedarf an qualifizierter Assistenz, insbesondere die Assistenzleistung zur Gestaltung sozialer Beziehungen ist gefragt: »Eine große Herausforderung ist es, die verschiedenen Beziehungsebenen auseinander zu halten oder miteinander zu verknüpfen. (...) Bei den Hausbesuchen wird dann manchmal (...) über die Schwierigkeiten in der Beziehung zu den Einzelnen und von Auseinandersetzungen untereinander berichtet« (ebd., S. 247).

Neben einer Leistungsvereinbarung für die Assistenzleistungen zur Gestaltung sozialer Beziehungen brauchen Fachdienste im Betreuten Wohnen in Familien in der Regel nur noch eine Leistungsvereinbarung für die Assistenzleistungen zur persönlichen Lebensplanung und eine zur Sicherstellung der Wirksamkeit der ärztlichen und ärztlich verordneten Leistungen (Gesundheitsfürsorge). Hinzukommen sollte ferner ein Basismodul, mit dem das Finden von Gastfamilien sowie die Zuordnung von Klientinnen abgerechnet werden können.

Begleitung von Transitionsprozessen in Therapeutischen Wohngemeinschaften

Im Transitionsprozess von der Jugendhilfe zur Erwachsenenhilfe eröffnen sich neue Möglichkeiten für die sogenannten Care Leaver, die bislang mit Eintritt der Volljährigkeit dem Hilfesystem den Rücken kehrten und häufig nach kurzer Zeit im System der Erwachsenenpsychiatrie wieder auftauchten. Im Jahr 2021 wurde das Kinder- und Jugendstärkungsgesetz (KJSG) verabschiedet, das als Meilenstein einer umfassenden SGB-VIII-Reform betrachtet wird (DV 2021), weil es neue Möglichkeiten der Unterstützung eröffnet. Trotz gewisser Disharmonien zwischen SGB VIII und SGB IX können nun nach § 35a SGB VIII Leistungen der Eingliederungshilfe erbracht werden, die den Leistungen des SGB IX entsprechen und damit einen Übergang vom einen in das andere Unterstützungssystem erleichtern. Dazu muss der öffentliche Träger der Jugendhilfe einen Teilhabeplan nach § 19 SGB IX erstellen, in den er »die nach dem individuellen Bedarf voraussichtlich erforderlichen Leistungen hinsichtlich Ziel, Art und Umfang funktionsbezogen« feststellt (§ 19 Absatz 1 SGB IX). Aufgabe und Ziele sowie Art und Form der Eingliederungshilfeleistungen für seelisch behinderte Kinder und Jugendliche richten sich gemäß § 35a, Absatz 3 SGB VIII nach § 90 sowie Kapitel 3 bis 6 in Teil 2 SGB IX.

BEISPIEL In dem Wohnprojekt »Die Wilde 13« im Bodenseekreis wird der Übergang von der Jugendhilfe zur Erwachsenenhilfe praktisch erprobt. Das in Friedrichshafen neu errichtete Haus besteht aus fünf Wohneinheiten für bis zu drei Personen, in dem der Übergang von einem Leistungssystem zu einem anderen ohne einschneidenden Settingwechsel ermöglicht werden kann. Der innovative Charakter des neuen Angebots ergibt sich aus der Integration zweier Leistungssysteme in ein Leistungsangebot. Es macht damit in der schwierigen Phase des Erwachsenwerdens mit der Aufgabe der emotionalen Begleitung im Ablösungsprozess von der Familie keine zusätzlichen Anpassungsleistungen durch einen Beziehungswechsel nötig.

Die verbindliche Kooperation zwischen dem Träger der Jugendhilfe und dem Träger der Eingliederungshilfe wird gestärkt, indem die durch das Bundesteilhabegesetz (BTHG) erforderlich gewordene individuelle Bedarfsermittlung und Teilhabeplanung mit der Hilfeplanung der Jugendhilfe in Einklang gebracht wird. Eine gemeinschaftliche Wohnform, die ein altersgerechtes Milieu sowie am individuellen Bedarf orientierte Assistenzleistungen nach §78 SGB IX bietet, bildet dafür eine adäquate Grundlage. Hier werden verlässliche Beziehungen und Unterstützung in der Alltagsbewältigung angeboten und gleichzeitig wird eine zunehmende Selbstständigkeit gefördert. Ziele sind die Befähigung zur eigenständigen Alltagsbewältigung und ein adäquater Umgang mit der psychischen Erkrankung.
Mit der durch die neue Regelung gewonnenen Zeit für eine Nachreifung ist die Hoffnung auf eine weitgehend selbstbestimmte Lebensplanung verbunden. Auch wenn ein Teil früh erkrankter junger Menschen mit komplexem Hilfebedarf hierfür möglicherweise mehrere Jahre benötigt, bleibt das Angebot bestehen, auch nach Beendigung der Jugendhilfeleistung im Rahmen der Eingliederungshilfe die Maßnahme innerhalb der Wohneinrichtung fortzusetzen (Fegert u. a. 2022).

Organisatorische Einbindung der Assistenzleistung

Die Assistenzleistung zur Sozialen Teilhabe ist die zentrale Leistung zur Teilhabe am Leben in der Gesellschaft. Die beschriebenen Assistenzleistungen geben die Rahmenbedingungen vor, innerhalb derer die Stärkung der eigenständigen Alltagsbewältigung entsprechend des Teilhabeplans auf Grundlage der individuellen Bedarfsplanung realisiert werden kann. Die komplexe Erbringung von Assistenzleistungen ist daher bei Menschen mit seelischen und geistigen Behinderungen in der Regel eine Teamleistung auf der Basis einer Leistungsvereinbarung mit dem Träger der Eingliederungshilfe.

Da die Leistungserbringung nicht an einen Ort gebunden ist, kann sie nur von mobilen Teilhabediensten erbracht werden, die die Assistenzleistungen an den von der leistungsberechtigten Person gewünschten Orten erbringen. Der mit der Person und gegebenenfalls einer Vertrauensperson ermittelte individuelle Hilfebedarf führt zur Feststellung von spezifischen Assistenzleistungen durch den Träger der Eingliederungshilfe. Diese müssen dann von einem oder mehreren Leistungserbringern erbracht werden. Wenn die leistungsberechtigte Person einen bestimmten Leistungserbringer aussucht, muss dieser die Leistung erbringen, wenn er eine Leistungsvereinbarung für die entsprechenden Assistenzleistungen hat. Die Selektion der leistungsberechtigten Personen nach bestimmten Merkmalen, wie z. B. einem Suchtproblem, ist damit nicht mehr möglich. Die Pflicht, Personen aufzunehmen, erleichtert es, Leistungen für Personen zu beenden, die diese nicht mehr benötigen.

Die gut ausgewählte Assistenzperson muss auf der Grundlage des Teilhabeplans mit der leistungsberechtigten Person einen Plan festlegen, wie und zu welchen Zeitpunkten die Assistenzleistungen erbracht werden. In Fallbesprechungen des Teams muss die Leistungserbringung in Intervision und gegebenenfalls auch in Supervision reflektiert werden. Sorgsam müssen die Prozesse der Bindung zwischen Mitarbeitenden und leistungsberechtigten Personen beachtet werden. Insbesondere Prozesse der Übertragung und Gegenübertragung sind bei der in der Regel langfristigen Erbringung von qualifizierten Assistenzleistungen zu reflektieren (Lütjen 2020).

Nach den Vorgaben für eine Leistungserbringung auf Augenhöhe ist die Beziehungsgestaltung die Basis für die Assistenzleistung. Daher ist zunächst einmal darauf zu achten, dass Assistenzperson und leistungsberechtigte Person miteinander können, und d.h. wiederum, dass sie in ihrer Persönlichkeitsstruktur einigermaßen zueinander passen müssen. Nach neueren Theorien zum Coaching gibt es im Hinblick auf den Neuerwerb von Verhaltensweisen zwei unterschiedliche Persönlichkeitstypen: Personen, die nach klarer Anleitung lernen, und Personen, die sich ihr Dasein in der Welt unter Zuhilfenahme von äußeren Anregungen selbst erschließen. Wenn gegensätzliche Persönlichkeitstypen aufeinandertreffen, wird sich kaum eine Beziehung ergeben und das Lernpotenzial kann nicht ausgeschöpft werden. In einer tragfähigen Beziehung ist hingegen vieles möglich.

Der mobile Teilhabedienst ist keine frei improvisierende Jazz-Combo, sondern ein nach Noten spielendes Orchester. Gerade in der Assistenz von Menschen mit psychischen Beeinträchtigungen bedarf es aber der Fähigkeit, wie im Jazz zu improvisieren, sich auf andere einzulassen und sich in einer konkreten Situation auf sie einzuschwingen. Das ist eine hohe Kunst, für die es Unterstützungserfahrung und eine spezifische sozialpsychiatrische Qualifikation braucht. Außerdem müssen die vielfältigen Bedarfe verschiedener leistungsberechtigter Personen zusammengebracht und in einen Tourenplan eingebunden werden. Der Dienst sollte nicht zu klein sein, damit er viele unterschiedliche Bedarfe bedienen kann, er sollte aber auch nicht zu groß sein, damit sich die Mitarbeitenden untereinander verständigen und coachen können. Durch Absprachen im Gemeindepsychiatrischen Verbund einer Region kann die wohnortnahe Versorgung einer Region optimiert werden. Dadurch können Teilhabedienste entstehen, die unterschiedliche Schwerpunkte abbilden und bei Bedarf unterschiedliche Leistungen wie aus einer Hand erbringen.

Schlussbemerkung: Die Mühen der Ebene

Der Gesetzgeber hat es mit dem durch die Eingliederungshilfe ergänzten SGB IX möglich gemacht, dass Menschen mit Behinderungen Leistungen der Rehabilitation und Teilhabe wie aus einer Hand bekommen können. Menschen mit psychischen Beeinträchtigungen erhalten dadurch einen Zugang zu Unterstützungsleistungen, die ihren Vorstellungen der Teilhabe am gesellschaftlichen Leben entsprechen. Die Assistenzleistungen zur Sozialen Teilhabe erhalten sie nicht mehr aufgrund der Erkrankung und einer ärztlichen Diagnose, sondern weil sie mit ihren psychischen Beeinträchtigungen auf gesellschaftliche Barrieren stoßen, die ihre gleichberechtigte Teilhabe verhindern. Bei der Umsetzung besteht das größte Problem darin, dass weder die Beeinträchtigungen noch die Barrieren sichtbar sind. Für die Betroffenen ist es deshalb wesentlich schwerer als für Menschen mit Körper- und Sinnesbehinderungen, ihre Rechte auf Rehabilitation und Teilhabe einzufordern.

Die Chance auf mehr Selbstbestimmung und Teilhabe für Menschen mit psychischen Beeinträchtigungen droht an dem starren Versorgungssystem und dem gegliederten Sozialrechtssystem zu scheitern. Zwischen dem symptomorientierten stationären und ambulanten System der Krankenbehandlung und der versorgungsorientierten Eingliederungshilfe fehlt das Bindeglied der medizinischen Rehabilitation im gewohnten Lebensumfeld. In der Phase der medizinischen Rehabilitation wird daran gearbeitet, wie die Betroffenen mit ihren Beeinträchtigungen umgehen können, um selbstständig am Leben in der Gesellschaft teilzuhaben. Bei schweren psychischen Beeinträchtigungen ist das ein langer Prozess der Auseinandersetzung mit den gesellschaftlichen Anforderungen im Alltag.

Das psychiatrische Versorgungssystem hat die Möglichkeiten der medizinischen Rehabilitation nach § 42 SGB IX im gewohnten Lebensfeld der Betroffenen im Anschluss an die Reform des SGB IX nicht aufgegriffen. Damit fehlt weiterhin die Möglichkeit der Anschlussrehabilitation für Menschen mit seelischer Behinderung oder drohender seelischer Behinderung. Die Assistenzleistungen zur Sozialen Teilhabe wären in der Lage, die Lücke zu füllen, und könnten insbesondere mit der Assistenzleistung zur persönlichen Lebensplanung und der Assistenzleistung zur Gestaltung sozialer Beziehungen den Rehabilitationsprozess einleiten (Konrad & Dellmann 2022). Um diesen Weg einzuschlagen, müssten die Träger der Eingliederungshilfe den gesamten Teilhabebedarf auf der Grundlage des neuen Behinderungsbegriffs ermitteln und die Leistungserbringer ihr Leistungsangebot konsequent als Teilhabeleistungen beschreiben. Die Träger der Eingliederungshilfe tun sich jedoch noch sehr schwer mit dem differenzierten System der ICF, das administrativ schwer zu handhaben ist, weil sich die Komponenten gegenseitig bedingen. Der fachliche Austausch mit dem Fallmanagement der Jugendhilfe könnte hier gewinnbringend sein.

Für die Leistungserbringer ist es eine Herausforderung, Unterstützungsleistungen zu beschreiben, die die leistungsberechtigten Personen entsprechend ihrem individuellen Bedarf auswählen können. Dabei vergessen sie, dass schwer psychisch beeinträchtigte Personen in der Vergangenheit oft nur deshalb miteinander verbundene Angebote des Wohnens und der Lebensgestaltung angenommen haben, weil sie keine Alternative zu den Leistungen des ambulanten oder stationär Betreuten Wohnens hatten. Menschen mit Körper- und Sinnesbehinderungen haben hingegen dafür gekämpft, selbstbestimmte Leistungen zur Sozialen Teilhabe zu erhalten. Sie bevorzugen die Assistenz im Rahmen des Persönlichen Budgets. Um dieses Selbstbestimmungsprinzip auf die Assistenzleistungen zur Sozialen Teilhabe zu übertragen, müssen die Leistungserbringer in einer Region unterschiedliche

Angebote von Assistenzleistungen entwickeln, damit die leistungsberechtigten Personen eine echte Auswahl haben. Diese Angebote müssen so konzipiert sein, dass sie nicht in den Verdacht geraten, den ärztlichen Behandlungsplan umzusetzen, sondern unabhängig von der Einnahme von Psychopharmaka die Teilhabe am Leben in der Gesellschaft fördern. Sinnvollerweise werden Leistungsvereinbarungen für Assistenzleistungen im Gemeindepsychiatrischen Verbund unter Beteiligung der Interessenvertretungen der Psychiatrieerfahrenen und der Angehörigen psychisch Kranker diskutiert. Gern nach dem Motto: Nichts über uns ohne uns.

Literatur

Aderhold, V.; Alanen, Y.; Hess, G.; Hohn, P. (Hg.) (2003): Psychotherapie der Psychosen. Integrative Behandlungsansätze aus Skandinavien. Gießen: Psychosozial.

Bachmaier, M. (2012): BWF für Eltern mit Kind. Unterstützung an der Schnittstelle zwischen Eingliederungshilfe und Jugendhilfe. In: Konrad, M.; Becker, J.; Eisenhut, R. (Hg.): Inklusion leben. Betreutes Wohnen in Familien für Menschen mit Behinderung. Freiburg: Lambertus, 191–204.

BAG GPV (2019): Qualitätsstandards für Gemeindepsychiatrische Verbünde in der BAG GPV. https://www.bag-gpv.de/fileadmin/downloads/Qualitaetsstandards_BAG_GPV_ueberarb.22.03.19.pdf (18.04.2022).

BAGüS (2021): Kennzahlenvergleich Eingliederungshilfe der überörtlichen Träger der Sozialhilfe 2019. https://kennzahlenvergleich-eingliederungshilfe.de/images/berichte/2021-03-23%20BAGS%20Bericht%20Kennzahlenvergleich%20Berichtsjahr%202019%20final.pdf (25.03.2022).

Becker, J.; Schlutz, D. (2019): Experten für Eigensinn. Berichte gelungener Zusammenarbeit bei herausforderndem Verhalten, erzählt von Klienten, Angehörigen und Fachkräften. Köln: Psychiatrie Verlag.

Deutscher Bundestag (2016): Entwurf eines Gesetzes zur Stärkung der Teilhabe und Selbstbestimmung von Menschen mit Behinderungen (Bundesteilhabegesetz – BTHG). Drucksache 18/9522 vom 05.09.2016. http://dip21.bundestag.de/dip21/btd/18/095/1809522.pdf (18.04.2022).

DIMDI (2005): Deutsches Institut für medizinische Diagnostik: Internationale Klassifikation der Funktionen. Deutschsprachige Fassung der ICF. https://www.dimdi.de/dynamic/.downloads/klassifikationen/icf/icfbp2005.zip (18.04.2022).

DV – Deutscher Verein (2019): Empfehlungen des Deutschen Vereins zur Förderung von »Zuverdienstmöglichkeiten« im Bereich des SGB IX. https://www.deutscher-verein.de/de/uploads/empfehlungen-stellungnahmen/2019/dv-24-18_zuverdienst-eingliederungshilfe.pdf (18.04.2022).

DV – Deutscher Verein (2021): Recht der Kinder- und Jugendhilfe. SGB VIII mit anderen Gesetzen und Verordnungen. 4. Aufl. Freiburg: Lambertus.

DVfR – Deutsche Vereinigung für Rehabilitation (2017): ICF-Nutzung bei der Bedarfsermittlung, Bedarfsfeststellung, Teilhabe- und Gesamtplanung im Kontext des Gesetzes zur Stärkung der Teilhabe und Selbstbestimmung von Menschen mit Behinderungen (Bundesteilhabegesetz – BTHG). www.dvfr.de/fileadmin/user_upload/DVfR/Downloads/Stellungnahmen/Diskussionspapier_BTHG-Ausschuss_der_DVfR_zur_ICF-Nutzung_im_BTHG.pdf (18.04.2022).

DVfR – Deutsche Vereinigung für Rehabilitation (2021): Gesundheitssorge – Erhalt und Förderung von Gesundheit für Menschen mit Behinderungen unter besonderer Berücksichtigung der Eingliederungshilfe. https://www.dvfr.de/fileadmin/user_upload/DVfR/Downloads/Stellungnahmen/Positionspapier_der_DVfR_Gesundheitssorge_Juni_2021_bf.pdf (03.06.2022)

Elias, N. (1998): Über den Prozess der Zivilisation. Soziogenetische und psychogenetische Untersuchungen. Erster Band. Wandlungen des Verhaltens in den weltlichen Oberschichten. Frankfurt a. M.: Suhrkamp.

Fegert, J. M.; Plieninger, A.; Witt, A.; Amann, U.; Konrad, M. (2022): Probleme der rechtlichen Rahmenbedingungen (SGB VIII – SGB IX) in der Versorgung psychisch erkrankter Adoleszenter und junger Erwachsener im Übergang. In: Giertz, K.; Werner, A.; Kölch, M. (Hg.): Adoleszenzpsychiatrie. Junge Menschen in Klinik und Gemeinde begleiten. Köln: Psychiatrie Verlag (in Vorbereitung).

Fessel, K.-S. (2021): Paare mit Paketen. Psychische Erkrankungen gemeinsam meistern. Köln: BALANCE buch + medien.

Giertz, K.; Grosse, L.; Gahleitner, S. B. (2020): Hard-to-reach-Klientel. Menschenrechte und Soziale Arbeit. In: Dies. (Hg.): Hard to reach: schwer erreichbare Klientel unterstützen. Köln: Psychiatrie Verlag, 14–29.

Goffman, E. (1967): Stigma. Über Techniken der Bewältigung beschädigter Identität. Frankfurt a. M.: Suhrkamp.

Grotkamp, S.; Cibis, W.; Brüggemann, S.; Coenen, M.; Gmünder, H. P.; Keller, K.; … Weissmann, R. (2020): Personbezogene Faktoren im bio-psycho-sozialen Modell der WHO: Systematik der Deutschen Gesellschaft für Sozialmedizin und Prävention (DGSMP). Gesundheitswesen, 82(1), 107–116.

Gühne, U.; Konrad, M. (2019): Chancen zur Umsetzung der Leitlinienempfehlungen zu psychosozialen Therapien im Rahmen des Bundesteilhabegesetzes (BTHG). Psychiatrische Praxis, 6(08), 468–475.

Gühne, U.; Weinmann, S.; Riedel-Heller, S.; Becker, T. (2019): S3-Leitlinie Psychosoziale Therapien bei schweren psychischen Erkrankungen in Psychiatrie und Psychotherapie. Hg. von der DGPPN. Wien: Springer.

Hammer, M.; Plössl, I. (2020): Irre verständlich: Methodenschätze. Wirksame Ansätze für die Arbeit mit psychisch erkrankten Menschen. Köln: Psychiatrie Verlag.

Hildenbrand, B. (2016): Zum Begriff der Begegnung. In: Stachowske, R. (Hg.): Leben ist Begegnung. Systemische Therapie und Beratung. Kröning: Asanger, 8–17.

Hildenbrand, B. (2018): Genogrammarbeit für Fortgeschrittene. Vom Vorgegebenen zum Aufgegebenen. Heidelberg: Carl Auer.

Jenderny, S.; Schreiter, J.; Steinhart, I. (2020): Psychiatrische Wohnheime in Deutschland – Transparenz und Strukturen. In: Psychiatrische Praxis, 47(5), 260–266.

Konrad, M. (1985): Bändigen, pflegen, therapieren. Die psychiatrische Krankenpflege anhand berufsbiografischer Interviews. Frankfurt a. M.: Campus.

Konrad, M.; Dellmann, S. (2022): Rehabilitation und Teilhabe wie aus einer Hand. Vom Gesetz zur Praxis. Köln: Psychiatrie Verlag.

Konrad, M.; Rosemann, M. (2016): Betreutes Wohnen. Mobile Unterstützung zur Teilhabe. Köln: Psychiatrie Verlag.

Konrad, M.; Rosemann, M. (2020): Die UN-BRK, das BTHG und die Herausforderungen zu einem selbstbestimmten Wohnen. In: Rosemann, M.; Konrad, M.: Selbstbestimmtes Wohnen kompakt. Köln: Psychiatrie Verlag, 14–37.

Konrad, M.; Schock, S.; Jaeger, J. (2006): Dezentrale Heimversorgung in der Sozialpsychiatrie. Bonn: Psychiatrie Verlag.

Levi-Strauss, C. (1987): Die eifersüchtige Töpferin. Nördlingen: Greno.

Lütjen, R. (2020): Beziehungsdynamiken besser verstehen. Tiefenpsychologisches Wissen für die psychiatrische Arbeit. Köln: Psychiatrie Verlag.

Matt, K.; Röscheisen, C. (2012): Menschen mit Borderline-Störung in Gastfamilien. In: Konrad, M.; Becker, J.; Eisenhut, R. (Hg.): Inklusion leben. Betreutes Wohnen in Familien für Menschen mit Behinderung. Freiburg: Lambertus, 240–253.

Mead, G. H. (1969): Selbst, Identität und Gesellschaft. Frankfurt a. M.: Suhrkamp.

Meyers, R. J.; Smith, J. E. (2017): CRA-Manual zur Behandlung von Alkoholabhängigkeit. Erfolgreicher behandeln durch positive Verstärkung im sozialen Bereich. 5. Aufl. Köln: Psychiatrie Verlag.

Prestin, E. (2021): Zur Weiterentwicklung des psychiatrischen Hilfesystems. Anfragen und Wünsche aus Betroffenensicht. Sozialpsychiatrische Informationen, 51(3), 39–42.

Prinzhorn, H. (1922): Bildnerei der Geisteskranken. Ein Beitrag zur Psychologie und Psychopathologie der Gestaltung. Berlin: Springer.

Richter, D. (2019): Nimmt Gewalt gegen Mitarbeitende im Gesundheitswesen zu? Hypothesen, Daten und soziologische Hintergründe. Sozialpsychiatrische Informationen, 49 (1), 15–18.

Rosemann, M.; Konrad, M. (Hg.) (2020): Selbstbestimmtes Wohnen kompakt. Köln: Psychiatrie Verlag.

Rüschoff, I. (2020): Andere Länder, andere Sitten – Migranten im Betreuten Wohnen. In: Rosemann, M.; Konrad, M. (Hg.): Selbstbestimmtes Wohnen kompakt. Köln: Psychiatrie Verlag, 171–180.

Schäfer, C.; Bachmaier, M. (2022): Nachgefragt: Kann unter Zwang etwas Gutes entstehen? Psychosoziale Umschau, 37 (1), 10–13.

Schlimme, J. E.; Scholz, T. (2022): Reduktion von Neuroleptika. Zum Zusammenspiel von Neuroleptika und Genesung. Sozialpsychiatrische Informationen, 52 (1), 44–49.

Seikkula, J.; Arnkil, T. E. (2022): Der offene Dialog. Die Vielfalt der Stimmen im Netzwerk. Köln: Psychiatrie Verlag.

Süllwold, L.; Huber, G. (1986): Die schizophrene Basisstörung. Berlin u. a.: Springer.

Tamm, J. (2020): Die Angst vor der Fremdbetreuung und die Bedeutung des Kaffeetrinkens. In: Rosemann, M.; Konrad, M. (Hg.): Selbstbestimmtes Wohnen kompakt. Köln: Psychiatrie Verlag, 122–130.

Teismann, T. (2018): Grübeln. Wie Denkschleifen entstehen und wie man sie löst. 3. korr. Aufl. Köln: Psychiatrie Verlag.

Theunissen, G. (2019): Autismus und herausforderndes Verhalten. Praxisleitfaden Positive Verhaltensunterstützung. Freiburg: Lambertus.

Welti, F. (2022): Medizinische Rehabilitation. In: Deinert, O.; Welti, F.; Luik, S.; Brockmann, J. (Hg.): StichwortKommentar Behindertenrecht. Arbeits- und Sozialrecht, Öffentliches Recht, Zivilrecht. 3. Aufl. Baden-Baden: Nomos, 1040–1058.

WHO (2005): ICF. Internationale Klassifikation der Funktionsfähigkeit, Behinderung und Gesundheit. Neu-Isenburg: Deutsches Institut für Medizinische Dokumentation und Information.

Zuaboni, G.; Burr, C.; Schulz, M.; Winter, A. (2019): Recovery und psychische Gesundheit. Grundlagen und Praxisprojekte. Köln: Psychiatrie Verlag.

Zubin, J. (1986): Mögliche Implikationen der Vulnerabilitätshypothese für das psychosoziale Management der Schizophrenie. In: Böker, W.; Brenner, H. D. (Hg.): Bewältigung der Schizophrenie. Bern: Hogrefe, 122–130.